喜歡的事開心做，不喜歡的事耐心做

文·圖／
王學呈
《新新聞》社長

不怕沒機會 只怕沒抓對

人生無法計畫，重點是抉擇。只要能夠在幾個重要的轉折點，作出正確的決定，之後的路途截然不同。

以我自己為例，我在台大唸的是社會學系，到美國原本繼續念社會學博士班，研究的主題是「美國大公司組織型態的改變」，學分都修完了，剩下論文。

那年我二十九歲，讀過了許多企業併購的理論，我覺得自己應該進美國大公司工作，有一些實務經驗，這樣有助於我的論文寫作。於是以哥倫比亞大學MBA的學歷，我進了紐約高盛集團（The Goldman Sachs Group）總部，學習投資銀行的工作。高

櫻花 王學呈 3/

盛有很好的導師制度，一對一，導師對導生不只是專業知識的傳

授，還包括職業道德倫理、職涯規劃等等。

我在高盛碰到很多良師益友，經過思考之後，決定留在高盛

工作，放掉博士學位。如果我當年沒有去高盛，或許我就拿到博

士學位，變成學者，走進學術研究的殿堂。我的人生將是完全不

同的景象。

Henry Paulson是我在高盛的導師之一。他曾擔任高盛集團主

席，二○○六年至二○○九年擔任美國財政部長。我近距離觀察

他如何待人處事，獲益良多。

舉例來說，有一次在北京，我問他：「Hank，您這麼忙碌，

您是怎麼安排時間的？」

Paulson回答：「我把時間分成四等分，因為我是公司負責

人，必須有四分之一的時間跟國會山莊的政客及監理機構打交

道，四分之一的時間拜訪客戶，四分之一的時間思考公司的業務

及策略，最後保留四分之一的時間給『高盛人』。」

Paulson招募最優秀的人才，帶領部屬，跟同仁說話聊天，協助部屬成長。每一個領導人都應該花時間跟部屬相處，幫公司和社會培養人才。

人生無處不可學習，我們永遠要抱持學習的心態，跟人學習，向市場學習，例如我觀察比特幣，從區塊鏈開始，一直演化到現在這個模樣，中間有很多體悟和學習。

人生很好玩。我從大學的社會系畢業，去美國研讀企業管理，進入投資銀行，退休之後籌設風傳媒，變成媒體人，所有的轉折都充滿樂趣。人生永遠有新的機會出現，就像每年春天都有燦爛的櫻花綻放，就看你能否掌握。

張果軍（風傳媒集團董事長）

13

反璞歸真的簡約之美

王學呈兄出版新書囑我作序，我津津有味看書中故事為樂，談作序則實在不敢當。但在此推薦學呈兄歷練練豐富、學養甚深，是內外兼修的高手。看盡人生百態與與樓起樓塌，閱遍俊男美女與悲歡離合。但胸中有丘壑更有善念，書中常見到直言勸告但兼有體諒與包容，十足接近孔老夫子說的「友直、友諒、友多聞」益者三友。

看俊男美女故事可以怡情，看職場鬼故事可以修煉金剛不壞之身，看勸人行善積德養智慧天道酬勤的正能量故事則可以成就「富慧人生」（書中第五章）。

同發農產行
TEL: 5118301

台北市安西街 王學呈 81

15

我假日休閒仍然愛看書常看書（我愛聽故事），農曆過年前有媒體朋友問我過年讀什麼書，我笑而不答。其實最近三個月就是一看學呈兄的書，二看漫畫鬼滅之刃（二刷），三看司馬光大部頭資治通鑑（三刷）。看書聽故事其實是分享人生也是怡情悅性，作大事可以齊家治國平天下，作小事可以指導你不要誤交損友或選股賣股不貪不求，新年連假好好讀書誰曰不宜，誰叫書中自有顏如玉、書中自有黃金屋。

學呈兄在書中談他經歷過的事業興衰也談用人選材的職場經驗，更花費半本書的篇幅談男人心情與女人愛情（工商社會中的麵包與愛情），其中有大智慧存焉，是用心海羅盤在看人生百態。

但如「男人的心情」一章中所提示的「平凡才是最真實的」，卓越植根也來自於平凡。也如「女人的愛情」一章中所提示的：「現代的人，非常聰明，但缺乏智慧；精於計算，但沒有

勝算。」這是學呈兄在滾滾紅塵中帶領成千上百子弟兵，笑看十年後俊男美女成為熟男熟女，在杯觥交錯中認識諸多梟雄英雄後的感慨。

當我閱讀〈台積電跌破年線的時候〉這一篇，看到學呈兄歷經歲月磨練，已懂得在股市中留百分之十餘裕，雖挑選到優質股票賺到錢也不肯把福氣用盡，總是留有餘裕而又獲利頗豐（網路俗稱「已羨慕」），我相當讚歎，這種股海波濤中不懼怕也不貪求的定性不是一朝一夕功夫的。

當我閱讀〈欲望變小，幸福就變大〉一篇，在日本奈良和台灣新埔鎮旅行的學呈兄看到台日農家都曬柿餅，看豐饒和吉祥的紅色柿子感慨：「景氣順遂的時候追求比較高的收入，旅行較遠的行程。景氣不振的時候我們企求平穩的收入，在地也可以旅行。」「不管順不順遂，日子總要開心的過。珍惜生活，把欲望縮小。」我也十分喜歡這種歷經千山萬水後圓潤的人生哲學。

當我看到「女人的愛情」這章的〈人被騙沒關係，錢平安就好〉一篇時候，更是莞爾一笑。一開始我還以為是文字順序的誤植，再深入看下去才知道這是學呈兄勸導政大學妹「年過五十、存錢不易」不要輕易被愛情渣男找藉口掏空荷包，勸女人莫被虛偽愛情沖昏頭的「金句」。政大學妹一開始還怪他你這個人怎麼不講感情鐵石心腸，但是學呈兄的「人被騙沒關係，錢平安就好」的人生哲學阻止了飛蛾撲火的黃昏愛情，實在是透徹之見。

最後，如〈花見〉一篇所提的，豐臣秀吉往訪茶聖千利休，連太閣豐臣秀吉也見小小茶室的簡單壁龕中只擺放一朵牽牛花，感動於侘寂簡約之美勝過滿室生輝的黃金。是否學呈兄想要呈現的也是這種反璞歸真的簡約之美的人生觀呢？願讀者諸君親自閱讀玩味分享之。

童子賢（和碩聯合科技董事長）辛丑年春

京都 東福寺　王學呈 9/29 2017

19

水流花開自有時

一月八日，我到嘉義市旅行，正逢寒流過境，氣溫七度，風吹起來的體感溫度接近零度。當天我幾乎以行軍的速度在嘉義市區行走，靠運動來禦寒。

我從嘉義舊酒廠開始觀賞，那是個非常無聊的景點，過馬路到嘉義市立美術館，剛好在整修，沒東西看，真是敗興。接下來我沿著中山路行走，特別繞到城隍廟，向城隍爺致意。

午餐吃霸王沙鍋魚肉和肉燥飯，又吃了水果切盤，開始覺得這次旅行有點意思。橫貫中山路到底，就是嘉義公園，進公園走了十幾分鐘，在一條小溪旁，看到好幾棵紅花風鈴木盛開，妊紫

媽紅，在風中搖曳生姿，值得拍照作畫，因為這一幕，這次的嘉義之行有了記憶點。那是下午一點半，我在嘉義市行走三個多小時之後，才看到的美景。

花開是一種時節因緣，我們在職場和市場也需要機緣，那是努力和等待的總和。尤其是二〇二〇年開始的新冠肺炎疫情，讓市況更加膠著混沌，「博觀而約取，厚積而薄發」（這是蘇東坡的名言）是必要的境界。約取才有焦點和分眾，厚積才能夠經得起時間的考驗。

經營事業的關鍵是策略和團隊。好的策略就是找到市場運行的軌跡，把公司的產品和服務放在適當的位置，靜待水流花開，收割成果。

而團隊是一種組合，彼此互補。團隊的有效運作需要一種磁場，相互支援，共存共榮。

誠如和碩集團創辦人童子賢所說，新冠肺炎讓未來世界提早

五年到來，例如電商、數據、人工智慧、遠距、個人化服務、分眾垂直等等。這些三元素，讓市場更加複雜，也更為有趣，經營者需要創新的精神和堅忍的修為。

因為未來不可測，猶如未知的旅程，我認為所有經營者和從業人員都要有「樂在其中」的心境，順境也好，逆境也好，都是市場運行的過程；暖時也罷，寒天也罷，這是人生的歷程。

這年頭，工作不全然是工作，有時候比較像修行。

我一直相信，心存善念、養深積厚是長線贏家的修持。有了這樣的境界，就可以在市場的顛仆之中，屢癈屢建，生生不息，等到屬於自己的水流花開。

濟南基督教長老教會 王學呈 9/29 2019

1

江湖

江湖，只有走過，沒有對錯。

江湖多變，我們只能低頭向前走。

失敗的時候，想想自己的業報；

想要成功，耐心鋪好所有的因果。

江湖 只有走過 沒有對錯

他曾在集團有過汗馬功勞，如果不是他，那個集團早就倒閉了。後來董事會想要有所改變，他被換下來了，無預警的，不歡而散。

事隔半年之後，他去幫另一個集團寫案站台，這讓人難以想像。因為這個集團是他原來任職集團的頭號勁敵，不共戴天。

這樣的事也曾經發生在我身上。二〇一五年夏天，我離開《商業周刊》，去《今週刊》，目的是為了歷練數位內容和數位業務，在商周我爭取不到這樣的機會，而《今週刊》提供類似的職位，我就去了，當時有些商周同仁對此感到不解，甚至有人認為我「叛國」。

其實在金融界、科技業或房產業，這種案例司空見慣，台積電的高層去聯電，花旗銀行的人去富邦金控，永慶房屋的店長去別家房仲集團，有的甚至整批

佐保川畔 奈良
孟學呈 2/12 2021

走人，帶槍投靠。昔日的隊友變成今天的對手，去年的敵人變成今年的同事。

或許，這就是人生，這就是江湖。江湖，只有走過，沒有對錯；江湖，只有成敗，沒有是非；江湖，沒有長久的情義，但有永遠的恩怨。

很多事，只有當事人才知曉。對錯要怎麼論斷？輸贏要如何計算？

我在《今週刊》只待了半年多，因為水土不服，剛好東森新聞雲在找人，我順勢轉檯，沒想到在東森新聞雲也只待一年多，彼此氣質差太多，分手是必然的。

行走江湖這麼多年，我慢慢發覺，所有事情都有因果，但是努力不會白費。

如果不是《今週刊》，我大概去不了東森新聞雲；如果不是東森新聞雲，我在風傳媒可能無法勝任愉快。

現在出去比案搶預算，碰到商周集團、東森新聞雲、《今週刊》和《蘋果日報》的人馬，只要看到他們的陣容，大概猜得出來他們會用什麼招式，閉上眼睛可以想像他們的簡報邏輯和報價區間，那些我曾經並肩作戰的夥伴，我們練過同樣的武功，使用同樣的兵器。

江湖如此多變，我們只能低頭向前走。失敗的時候，想想自己的業報；想要成功，耐心鋪好所有的因果。

二〇一六年春天，我到東森新聞雲報到的前夕，特別到日本奈良旅行寫生。

有一天下午，在佐保川畔，看到女高校生放學，青春的面容和綻放的花朵，美麗的春天和瞬息萬變的世間。紅顏春樹今非昨。

好的開始不如好的結束

　　她是我多年前一手提拔的部屬，從基層一路升遷到中階主管。後來集團內有一個副總的缺，我曾經考慮過她，後來覺得她的性格和能力不足以擔任副總的職務，於是我選擇別人。

　　而她想往上爬，她認為我應該選擇她，最後她失望了，由愛生恨。從此她跟我漸行漸遠，之後甚至聯合其他的人，一起鬥爭我，在走廊相逢可以不打招呼，當作沒看到。

　　這件事在我的管理生涯中，形成一道疤痕，至今依然深刻。我不覺得她或他們做的對或不對，這無關是非，他們只是表現真實的人性而已。

　　人性就是如此，你對一個人好，好五次，第六次不如他的意，以前的好一筆勾銷，變成你對不起他。人性的偏執和自私就是如此。

人力車 鎌倉 王學呈 12/22 2019

從此之後，我有一個領悟，人與人之間，好的開始不如好的結束。彼此留一線，日後好相見。

在企業擔任高階主管的人大概都有類似的遭遇。剛開始請你去任職時，張燈結綵，擺攤歡迎你，之後如果發現你的氣質與他們不相容，或者認為你的表現不如預期，一夜之間把你處理掉。

生意往來也是如此，利益相符時笑臉相迎，利益衝突時拔刀相向。偏偏商場變化無窮，商圈移轉，製程更新，或者上下游結構改變，都可能讓彼此的關係逆轉錯置，沒有永遠的敵人，也沒有永遠的朋友。

我曾經有一個部屬，後來轉到企業界，慢慢升為行銷主管，變成我的客戶，我要跟她爭取預算。還好當年待她不薄，今天才有生意可做。

高明的老闆和精明的生意人珍惜開始，更重視結束。結束比開始重要，結束是另一個因果循環的開始。出來跑，總是要還的，拖愈久，代價愈高。

我在鎌倉旅行時，看到人力車伕跟兩個客戶殷殷道別，感謝她們照顧他的生意。明明只有一次生意，觀光客來來去去，二次服務的機率很低，但好好道別是

一種境界，對別人和自己都是一種珍惜和尊重。因為這樣的心情，我們得以平靜愉悅地走完所有旅程。

將軍下馬　殺手封刀

我們曾在同一個集團工作，她的位階比我高。幾年前我離開那個集團，但我們還保持連繫。

有一次我在台北市東豐街吃水餃，她就坐在隔壁桌，我們轉頭看到對方有點驚喜，彼此點的都是韭菜餃子。另一次吃八方雲集水餃也巧遇。原來我們都是餃子控。

她有很強的專業，個性圓融，我一直以為她會在那個集團待到退休。沒想到去年那個集團高層人事變動，整個生態系改變，她被波及，日子很難過。後來她也離開了，我很訝異。

她曾經幫過我。三年多前我倉皇離開東森新聞雲，職涯陷入低潮，她幫我轉遞履歷表。雖然她介紹的工作沒有談成，但我依然很感激她。能夠在你失勢的時

銀杏 東京大
王學呈

候伸出援手的人，都是值得記憶的人。正因為如此，對於她的離職，我感同身受。

原來職場和情場一樣，都沒有天長地久這件事。

高層一旦動起來就是版塊移動，象徵一個階段的開始或結束。簡單來講，就是改朝換代，或者市場淘汰。

先講改朝換代。這幾年企業的新生代接班，一朝君主一朝臣，很多老臣陸續退出核心，變成顧問；政黨輪替，或者閣揆換人，公營行庫和公營事業甚至整批換人。

更殘酷的是市場淘汰。遠程交易和電子商務興起，實體商圈和店面大量萎縮，有些店長沒工作了，只有加入Uber Eats的送餐行列；媒體走向數位化，大量的紙本和電視人才被洗出去；訊息的傳遞轉向影音和圖像，有些文字工作者這兩年連寫稿和編書的機會都變少了。

在滄海桑田的過程中，基層人員固然不易，高層更是不堪。用戲劇的語言來說，那就是「將軍下馬，殺手封刀」。

36

在戰場上攻城掠地，我們都是將軍；在江湖裡飛簷走壁，我們都是殺手。年歲久了，我們慢慢知道，所有事情都像季節，有開始，就有結束；季節的長度不是自己可以決定的。

兩年前的這個時候，我在日本旅行，深秋的銀杏林堆砌出滿天的黃色。黃葉從滿盈到凋零，往往就是在一週之內，接下來就是期待明年。

面對改朝換代，最好的解方就是平時多交一些外部朋友。朝廷發生變化時，內部的朋友通常自顧不暇，幫不上忙。外部朋友可以協助你逃到關外，東山再起。

至於市場淘汰，將軍本來就應該學習新武功，開拓新戰場。這樣才可以立於不敗之地。

正如同我的朋友，前幾天聽到消息，知道她去另一個平台任職。果然，好手不寂寞。明年花紅勝今年。

商周時代

二〇一六年的七月，我在商周提出辭呈，結束了長達六年多的商周歲月。

我在商周最大的收穫就是從編務轉業務，練就一身武功，從此編業兩棲。我在商周曾經同時經營商周廣告部、商周編輯顧問公司和高爾夫雜誌三個事業體，負責商周集團一大半的營收和獲利，紅極一時，當時我覺得我會在商周待很久很久。不過大紅大紫也有煙消雲散的一天，我的心得如下：

1、所謂的重要和榮耀都有階段性。可能因為你的專長剛好是那個階段的市場主流，你就被推上浪頭，發光發亮。例如公司在開疆拓土的階段，擅長展店的人就吃香；但如果市場到飽和期，開始賺管理財，長於議價或財務出身的人順勢坐上最高的位子。

台大校園 王學呈 4/21 2019

一旦階段走過，你就變得不重要了。每個人都可以被替代，看得開就會難過很久。反過來說，原本不重要的人可能因緣際會，就變得重要與榮耀。這正是人生有趣之處。

2、每一階段都有成功和挫折。你可以忘記你的成功，但一定要牢記你的挫折。同樣的錯誤絕對不犯第二次。

依我個人的經驗，如果你能夠在挫折中得到教訓，學會新的技能，挫折就變成契機，讓你進入新的次元。

3、隨時都要有備案，不管你是大紅還是大黑。世間無常，不僅要有Plan B，甚至要有Plan C，保你不死之身，日後東山再起。

工作要有備案，以提案為例，想達一千萬元的預算目標，大概要準備兩千萬到三千萬的提案對象，A組客戶失敗了，馬上修案，再對B組客戶提案。

團隊也有備案，同時培養多組人馬，在市場震盪的過程中，總有人出局，也有人脫穎而出。多組競逐，就是天擇，讓市場決定最合適的人出線。如果只培養一個人或一組人馬，那可能是世代單傳，或者近親繁殖，對公司都是不利的。

4、不斷學習。我常常到台大校園閒逛，那是台北市區最大的校園，有很多古蹟，還有很多學生。校園讓我們想起人生的初心，以及學習的樂趣，那正是我們在職場存活的最大憑藉。

炮灰將領

二〇一八年，他到一個線上平台擔任執行長，帶了一群幹部過去，想盡辦法，衝出一億台幣的年度營收，但一直達不到損益平衡的目標。二〇二〇年清明節過後，董事會動手，請他離開，連同他帶去的幹部，整批走人。從頭到尾，兩年不到。

他辦完離職手續那天下午，我們約在陽明山仰德大道喝咖啡，大雨過後的陽光穿過樹梢，灑在馬路上。

我問他：「如果給你三年的時間，結果會不會不一樣？」

他說：「重點不是時間，重點是能夠讓公司損平的商模一直出不來。」

我問：「接下來呢？他們打算怎麼做？」

他回答：「董事會再找另一個執行長來試。另一個炮灰。」

仰德大道 王學呈 8/9 2020

那個平台也是我熟識的平台，轉虧為盈很困難，於是不斷換執行長。至於我的朋友，離職四個多月，還在休息。炮灰的傷痛需要比較長的救贖。

二○○八年行動網路發達之後，零售和訊息產業面臨斷鏈危機，產值大幅萎縮。過去有炮灰業務員、砲灰職員、炮灰記者和炮灰小編，現在炮灰的層級向上提升，出現炮灰副總、炮灰總編輯，甚至有炮灰執行長。

反正企業老闆就是不斷的試，試人也試商模。老闆們也很無奈，因為燒的是他們的錢。弄到後來，就是給的錢愈來愈少，容忍的期間愈來愈短。

最近有一波高層的換人潮，如果你有機會擔任高層，可能要先思考三個問題：

1、你有多少時間？個性很急的老闆，例如東森的王令麟，通常只給六到八個月。一般的老闆通常給一年到一年六個月。

依我的經驗，從熟悉內部到向外施展作為，一直到營運出現成效，可能需要二十個月。給二十個月的時間去證明一個團隊的成敗，比較公平。所以你在聘書

或合約上，最好載明任期，一年為宜，二年為宜，三年最好。

2、你有合適的商模嗎？解決問題需要創意。如果沒有創意新商模，只是蕭規曹隨，那必然效益遞減，愈做愈少，你的位子就坐不久。

3、你的團隊在哪裡？執行力很重要，團隊必須適度換血，好用的人幾乎都是挖來的，該挖就去挖，沒什麼好客氣的，戰場無師徒，賭場無父子。

如果你可以在董事會授權的期間內，塑造商模、形成團隊並達成目標，那你就是純度很高的將領。如果你做不到，時間用完那一刻，你就是原汁原味的炮灰。

造化無情。我們可能是將領，也可能是炮灰；我們曾經光彩照人，也曾經一敗塗地。唯一能做的提高勝率，讓自己成為戰場的常數，而不是市場的偶然。

可怕的Kay

我們去拜訪金融客戶，認真寫了企劃案。對方很慎重，整個行銷團隊都出席，大家見面交換名片，對方的行銷協理是位熟女，接到她的名片，我仔細看她的英文名字是「Kay」，我心裡想：「這攤完了，Kay很可怕，心口不一。」

後來果然不出所料，那次的提案，陣仗很大，但是石沉大海。我每次碰到Kay，幾乎都失敗。

我們都有兩個名字。一個是中文名字，那是我們出生的時候父母給的，或是神明的指示，有些是算命師的演算結果，那代表父母的期望，以及家族的淵源。

另一個名字是英文名字。英文名字多半是自己取得，那代表自我追求和內部性格。我覺得英文名字跟面相、手相和穿搭一樣，都是一個code（密碼）。通常我接到對方的名片，都很仔細解讀對方的英文名字。英文名字有來源、有個性，

可以順著英文名字的方向，解讀對方的性格和邏輯。

舉例來說，Sophia 在希臘語中意思是「智慧」。這可能是希臘神話的聖人名字。我們碰到名叫 Sophia 的女生，絕對要做好準備，不然你一定會被她挑出毛病。希聖希賢的人，當然很完美。

我在東森新聞雲帶過一位年輕美麗的 Sophia，做事細膩，對人生很有企圖心。她連照相都有規劃，暖色的連身長裙配上藍天白牆，怎麼拍都好看，完全是網美的規格。

Kay 源自拉丁文，有個性、自立，對自己很有有信心。要說服 Kay，必須有堅強的理由。

Stella 來自拉丁語，容易相處，頭腦清楚，有良好的經濟判斷能力，有責任感，很適合擔任管理職。每次看到 Stella 的名字，就想到 Stella Aunt 的餅乾，那種很持家的感覺。

英文名 Jennifer，來源是古英語和威爾士語，本意是純潔。到了現代，Jennifer 變成外向、時尚和流行的意思。我認識的 Jennifer 都有點漂亮，很活潑。

48

我最期待Jennifer，每次碰到Jennifer，提案都會成交。

至於男生的英文名字，台灣許多男生的英文名字是Jack，原意是聰明有洞察力。其實，Jack有一點狂想的本質，想想《傑克與魔豆》那篇童話故事，爬到天堂的小男孩。只要是Jack當上總經理，通常會把底下的人逼瘋。我認識的Jack，沒有一個好搞的。

難過一天就夠了

新北市澳底漁港，優美又僻靜的漁港，不像碧砂漁港和富基漁港那麼喧嘩。

我大約每一季都會來一趟，心情好的時候來，心情不好的時候也來。海的味道，風的表情。

這次來這裡是因為心情不好。新冠肺炎造成市場波動，業務成交和執行進度都受到影響。我到這裡散心，看漁船出航。

做業務和擔任管理職經常面對突發狀況，常常被殺得措手不及，例如客戶抽單或延單，更大的困難是公司經營的方向，資源的調度。二〇〇一年我在鉅亨網的時候，曾經面臨公司資金燒完的危機，自己跳出來找朋友幫公司辦增資。

心力交瘁的時候，我們需要一個託付心情的對象。我通常鼓勵四十歲以後擔任管理職的朋友，去找尋一個信仰，佛教、基督教或回教都好。職場和商場有太

明順 No.9
CT3-6191

澳底漁港 王學呈 3/1, 2020

多不可知和不可控。宗教的最大功能是讓你心情平靜，耐心解決問題。

我是一個佛教徒，每次遭逢重大挫折，當天晚上我用毛筆抄錄《心經》一次，寫完之後，把所有的不愉快打成一包，交給佛陀，請祂幫我處理，接下來的任何結果，我都接受。

真正的困難通常不是空間，而是時間，只要你熬得過時間，環境會改變，市場將轉折，風水輪流轉。而熬過時間的關鍵是心情，萬緣放下，境隨心轉。

只要你放下眼前的情緒，新的機會就會來敲門。當年我離開《蘋果財富周刊》和東森新聞雲，就是如此，放下之後，新職就來了，而且可能更適合自己，再創高峰。

在我們的人生路途，快樂可以很久，例如考上名校、談戀愛、初為人父、升官、做股票大賺一筆、買房子、讓公司轉虧為盈等等。

但難過，真的一天就夠了，悲傷不必過夜，當夜就把所有的難過結束掉，寬心迎接另一個日出。

套用股市的術語，停利可以慢慢來，逢高向上出脫；但停損必須乾淨俐落，

一次出清。留得青山在，不怕沒柴燒。

失戀也好，失業也好，難過一天就夠了。接下來，去交一個新的男朋友，去

找一份新工作。啟動新循環，迎接新局面。

青春問答

我待過很多公司，許多年輕的前同事喜歡找我吃飯，有時候我們約在台北市金華街，我喜歡那裡的巷弄和麵食。吃飯的時候，他們常常問一些問題，年輕人關心的問題很雷同，我整理如下，供年輕的朋友參考。

· **關於愛情**

愛情禁不起計算。算得太精，你就談不了戀愛。男人談戀愛就是要付出，有時候吃點虧，讓女生覺得她賺到了。

· **關於婚姻**

婚前睜亮雙眼，婚後睜一隻眼閉一隻眼。盯得太緊，十之八九要離婚。沒有人禁得起百分之百的盤查和檢驗。

台北市 金華街 王譽璁 8/4 2019

· 關於工作

1、喜歡的事開心做，不喜歡的事耐心做。做就對了，做才會進步。

2、工作的重點是成長，如果預期未來三年都不會成長或改變，你就應該換工作。工作可以重來，青春不會重來。

· 關於朋友

1、好公司有壞人，壞公司也有好人。如果公司的壞人比好人多，這家公司遲早完蛋。

2、有的人只能當同事，不能做朋友。同事是一時的，朋友通常比較長久。

3、選擇朋友就是選擇命運。碰到心腸不好的人，最好保持距離。今天他會害別人，哪一天有機會，他一樣會出賣你。

· 關於財富

試著用錢去賺錢。用命去賺錢，你永遠不會變成有錢人。很少人靠薪水致富，薪水只是讓你過日子和養家。賺錢是一種性格，想變成有錢人，你必須先具備有錢人的性格。

· 關於退休

現代人的壽命很長，千萬不要太早退休，如果五十五歲就退休，我們可能都活到九十歲以上，那接下來的三十五年，你要幹嘛？退休之後如果沒有生活重心，退休就是退化，變老或變胖。

· 關於創業

老實說，創業絕對比上班辛苦，創業可能沒有日夜，沒有假日。如果沒有吃得苦中苦的覺悟，絕對不要創業，否則到最後你一定賠錢作收，搞不好還負債。

· 關於老闆

很多人想當老闆。老闆不是普通人可以當的，必須有超強的體力和意志力。我認為，只要有老闆的生活品質就好，不一定要當老闆。有些老闆是不快樂的。

畫芒果

上星期晨跑時，路上看到幾棵芒果樹結果。接下來幾天，我每天跑那條路，認真欣賞芒果成長的樣子，連樹葉和樹枝都看清楚，然後把它畫下來，作為今年初夏的印象。

台灣知名水彩畫家楊恩生擅長水果靜物，尤其善畫葡萄。他說：「畫葡萄，就得先種葡萄，這是我的處事原則。」意思是透過種葡萄的過程，耐心觀察葡萄的生長過程，掌握所有的細節之後，才能夠把葡萄畫得栩栩如生。

達文西（Leonardo da Vinci）以作畫的寫實性和影響力聞名於世。他透過解剖學的實驗過程，研究人體的骨骼、肌肉等等結構，作為素描和油畫的基礎。因為這樣的素養，他得以畫出《蒙娜麗莎》的傳世名作。

網路時代，搜尋和複製、重貼太容易，反而讓人忘記基本功。很多人的文字

芒果
王學呈
5/17 2020

能力不佳，甚至連標點符號都不會用。年輕的同仁寫一個企劃案，沒有起承轉合，完全是搜尋式的碎片堆積，這樣的案子送到客戶手上，絕對不會成交。

我常常跟社群同仁說，有空讀幾本關於演算法的書，稍微了解演算法的數學基礎，這樣才能夠掌握流量波動的邏輯和節點。

業務同仁要推虛實整合的案子，一定要有些DI（數據科學）和AI（人工智慧）的常識，這樣才能夠知道人工智慧和人類智慧的差異，以及大數據和小數據之間的互補。

年輕同仁最常犯的錯誤就是要對某客戶提案，企劃案裡的資料幾乎出自客戶的官網，我常跟他們說：「你怎麼可能用客戶官網的資訊去賺客戶的錢？你一定要寫一些客戶不知道的觀點，客戶才有可能把預算交給你。」

所謂的觀點來自於平日素養和深入研究。成交沒有捷徑，唯有深入，才有可能在長線和高階的競爭中勝出。

回頭談談芒果。芒果是我最熟悉的水果。我在高雄仁武服兵役的時候，營區

遍植芒果。到了五月，芒果結實纍纍，不時掉落下來。連隊早點名和晚點名時，常有士兵被芒果砸中，砸到的人，那顆芒果是他的，掉到地上的充公。

芒果是我年少初夏的記憶，未曾褪色。

當時明月在

那應該是我人生最慘痛的一次失敗。

二○○七年第四季，《蘋果日報》為了增加財金廣告收入，決定推出《財富周刊》，我被派任為總編輯，火速招兵買馬，在當年的十二月出刊，隨報附贈。

做了一年，剛好碰到二○○八年的金融海嘯，壹傳媒集團單月出現虧損，開始裁撤周邊單位，《財富周刊》未能倖免，全軍覆沒，我也一併被資遣。對我而言，最大的痛楚不是我沒工作，而是所有的同仁都犧牲了，我對他們有所虧欠。

最痛的失敗之後，伴隨的是重生和轉型。

二○○九年一月，我到商周集團任職，本來是副總主筆，後來被調到業務部擔任副總經理，負責研發新商模，我一個人的年度業績目標是淨利三千萬元。從那時候開始，我發現自己很會做業務，具有塑造議題的能力，業界人脈豐厚，成

博多 九州 学
9/6 2020

交很快，業績打敗所有的業務部同仁，獎金很多，年收入遠遠超過我在《蘋果日報》的水平。

那年年終，我領到一張鉅額的獎金支票時，開始感謝《蘋果日報》對我的資遣。如果我一直待在《蘋果日報》負責編務，在過去兩年蘋果裁員瘦身的過程中，我應該已經被優退了，不會有今天編業兩棲的能力。

另一次的領悟是二〇一七年在東森新聞雲，我的職務是總編輯，因為理念和做事風格不同，我被處理掉，那當然是一種挫折。

之後我到風傳媒工作，正派經營，穩步趨堅。現在回頭想想，好像應該感謝那次的被處理，否則我可能到不了風傳媒，不會有今天的揮灑。

人近耳順之年，慢慢對成敗榮辱有比較透澈的看法。成功和失敗的真實定義，不在當下，而在三年以後，或者更長的時間之後。因為失敗可能是轉型的動力，成功埋下覆滅的種子，例如NOKIA在類比訊號手機時代的絕對市占，故步自封，換來的就是智慧手機時代的快速衰亡。

就像老子所說的：「禍兮福所倚，福兮禍所伏。」這正是所有經營者必須戒

慎恐懼之處。

還有，不管好日子或壞日子，我們都要開心過日子。在所有成功和失敗的歲月裡，依然有清風明月，永遠有歡笑和淚水。

二〇一八年深秋，我到日本九州坐火車旅行，經過博多車站時，看到滿街的泛黃銀杏。那個期間，我正為風傳媒業務團隊的轉型而煩心不已，但心煩無礙美景，旅途依然美麗。那些不愉快總會過去的，如同流水般的時光。當時明月在，曾照彩雲歸。

入帖與出帖

我的書法老師鄭錦章跟我說：「學習書法有兩個過程，第一是入帖，第二是出帖。」

入帖就是臨摹某人的帖，例如歐陽詢的《九成宮醴泉銘字帖》，或王羲之的《十七帖》，必須臨到八分像，方能得其精髓。我曾經花了一年多的時間，練習米芾的行書，臨摹八次，才稍稍得其神韻。

出帖就是得其筆法之後，有所變化，創造自己的風格，青出於藍而勝於藍。

入帖唯恐不像，而出帖就怕太像，被框住，無法創造自己的風格。

入帖和出帖的過程也可以適用於職場。

年輕人初入職場，最重要的就是找一位可以模仿的人，這人可能是公司的主管，也可能是業界的前輩。把這個人當成書法的帖，細細觀察，觀察他如何成

66

余始與公故為條官僕與
姊晦為代雅以文藝同好甚
相得於其別也故以祕玩贈之
題以示兩姓之孫異日相値者
襄陽米黻元章記
僕之子鼇兒洞陽三雄
姊晦之子道奴德奴慶奴
子敬上真宜批帖尾也
玉我書若篆擂謝安枋在
李太師收晋賢十四帖武帝
余收張季明帖云秋
深不審
氣力復何如也真行相間長
史世間第一帖也其次賀八帖
餘非合書
庚子夏日 孟學呈跋

功？怎麼面對失敗？默默學習他處理事情的邏輯。

好的主管是經師，更是人師。好主管就像好的字帖。我覺得年輕人畢業進入社會，應該認真臨帖並入帖，找一家正派的公司，跟一個正直勤奮的主管。自己走江湖太辛苦，可能犯很多錯，模仿一個人比較容易。

優秀的年輕人可能在三十歲之後升任主管，獨當一面，這時候應該出帖，走出自己的風格，超越前輩的思維和格局。你不可能只入帖但不出帖，因為環境會變，你不可能靠著前輩教你的那幾招走江湖。市場是多變而殘酷的。

上乘武功和企業傳承都是師徒制，一對一教學，經過多年的錘鍊，才可能練到爐火純青。

這跟傳統技藝很像，我常常去逛台北市的大稻埕，看看那些匠心獨具的店面，裁縫店、旗袍店、餅店，每一種技藝都是師徒相承，師父口傳身授，徒弟亦步亦趨。

我最常逛的是迪化街二段的「老綿成燈籠店」。燈籠象徵吉祥和光明，做燈籠從劈竹、編織燈架、裱糊，然後彩繪、寫字，每一步都需要師父傳授，經年累

月的練習，之後出帖並出師，做出自我風格的產品。

現代社會變化很快，一套武功可能不夠，要多學幾種武功，所以年輕人要多換幾個工作，跟隨幾個師父，融合南北武功，以備將來之需，甚至開山立派。大師無常師。

方向對　時間也要對才行

我和他曾經是同事，我們都是股市中人。他比我懂股票，但我賺的比他多。

原因只有一個，他喜歡融資，我只買現股。融資禁不起震盪，常常在整理期被洗出去，或者只賺到短線；現股禁得起時間的壓力，比較容易賺到大的波段。

股市有一個定律，十根短線加起來，比不過一根長線。

後來我成為企業的經營者，慢慢發覺，很多事情光是方向對還不夠，時間點也必須對。就像你站在蘋果樹下，必須等到適當的時機，蘋果才會掉下來。成功，是等出來的，耐力絕對必要。

我們觀察一個企業，損益表只是表象，重點是它的資產負債表。資產負債表才是企業真實的努力過程和未來策略。好的企業贏在資產負債的配置，資產負債是因，損益是果，股價是皮相。

王李呈 9/27 2020

投資股票要仔細閱讀該公司的資產負債表；我們加入一家公司擔任高階主管，更應該看清楚資產負債表，那是經營團隊性格和企業文化的展現。例如集團關係企業有很多借貸行為，一套錢搬來搬去，絕對不是好公司。

職場的競逐也有時間價值，升遷多半是等出來的。老闆挑選高階主管，剛開始手上有一份名單，多人入圍，大家都很努力；經年累月之後，有人出狀況，名字就被刪除；最後剩下一人，就等著董事會改選之後被真除。這樣的競逐過程，通常是三年到五年，路遙知馬力。

時間點真的很重要。每逢年終，我常常告誡同仁，謹言慎行，不要在打考績的時候出狀況，前面三季的努力付諸流水。考績特優的通常只有五％，優等十％，升官加薪就是這十五％的人，其餘的人只能期待來年，或者辭職另謀高就。

追女生也有時機。根據我的觀察，一年開春，大家雄心壯志，想要有一番作為，這時候追妹約妹，她可能沒空理你。等進入第三季以後，累積了足夠的職場挫折，大家都有點累了，談戀愛可能是不錯的選項，這時候約她出來吃飯聊聊，

成功的機率比較高。

所以說，在每年的入秋之後，去追求三十歲以後的女生，是好的時間點，很容易手到擒來。

我永遠記得二○一八年在日本的那個秋天，街頭的細雨與滿地紅葉，日本友人告訴我：「這樣的美麗可能只有這幾天。」果然沒錯，我搭機離境的隔天，就下雪了。我看到的，是那年最後的紅葉。

請牢記你說過的謊言

他是某公司的營運主管。二〇二〇年受到新冠肺炎的影響，上半年的銷貨業績很差，進入年終，他想把一些貨塞到下游和通路，讓第四季的數字漂亮一些。

這種美化帳面的手法，在業界很常見。例如製造業塞貨給通路；基金經理人和同業約定，在十二月互相拉抬對方手上的持股，拉高彼此的年度基金淨值。

但二〇二〇年不同。今年新冠肺炎造成的營運缺口實在太大，如果要塞貨，那可能是一筆比較大的數字。如果二〇二一年景氣還是沒有起色，塞到通路的貨將被退回，無法自然去化。這個動作有點冒險。

但他決定這樣做，因為以二〇二〇年的營運規模來看，有些部門和營業據點可能被裁併。一個裁併，就是幾十個人沒工作了。

在出貨的同時，他必須給上面一個理由。如果二〇二一年景氣復甦，數字達

74

菁桐鐵道
王學呈 12/20
2020

到，這個理由就是預言；如果景氣不如預期，塞貨被退回，這個理由就變成謊言。

我不贊成他這樣做。專業經理人不應該說謊，謊言比諾言更沉重。如果事情大到值得你說謊，那你說過的謊言必須牢記，碰到誰你都必須說同樣的話，到死為止都不能忘記。

職場如此，情場和家庭也是如此。男人買一個勞力士手錶，老婆問他多少錢？他報一個比較低的價格（因為不想被念），今生今世，他必須牢記那個數字，以後都不能說出另一個數字（女人的記性特別好），否則一定有後果。

一般人認為，專業經理人最重要的資產是學歷、經歷和工作實力，這話沒錯。但我在企業核心打滾二十幾年，有另一種體悟。我認為高階主管最重要的資產有兩個，一個是信任，另一個是時間。

高階主管的所有權力和資源都來自於信任。被董事會信任，被部屬信任，被客戶和市場信任。一旦你說的謊，多到一個程度，動搖別人對你的信任，你就混不下去了，必須離開。

76

另一個稀有資源是時間。董事會和市場對你的授權和期待有一定的時間表，通常是兩年到三年。在這段時間內，有些任務必須完成。如果時間用完了，任務只完成一小部分，那你可能必須離開。

二〇二〇年特別紛亂。我朋友的困境，還有那段時間股市盤面上有些股票漲得莫名其妙，一看就知道有些基金經理人和操盤手為了作帳，忙得手忙腳亂。

二〇二〇年的冬雨特別漫長。我到新北市菁桐坐平溪線火車，黃昏的時候特別延著鐵道步行，看著遠山和樹林，期盼著陽光，寄望二〇二一年雨過天晴。

上班是為了健康

我搭乘早上七點五十七分的自強號前往花蓮，月台上滿滿的都是人。排在我前方的是一對父子，兒子大約二十幾歲，父親看起來超過六十歲，頭髮都白了。

我聽到兒子對父親說：「你已經這麼老了，幹嘛還要上班啊？」父親回答：

「你不懂啊。我這個年紀，上班是為了健康。」

這話我以前也聽前輩說過。我有一個前輩今年七十歲，還在某集團擔任常務董事，每天都去上班，很認真，手上負責幾個專案，握有做事的資源和空間。我年輕的時候跑新聞跟他結交，那時候他是集團的副總經理，之後步步高升，擔任過事業體的總經理和董事長。

有一次我忍不住問他：「七十歲還要上班喔？」他回我：「小王，人生在世，五十歲以前，工作是為了薪水；五十歲以後，工作是為了健康。像我這樣，

花蓮 七星潭
王學星 8/23 2020

每天打扮整齊出門，生活有所寄託，在集團外戰爭，在集團內鬥爭，有時罵人，有時被人罵，這樣老得慢。」

他的話有幾分道理。我認識一些公股銀行的董事長和總經理，改朝換代之後，沒位子了，整天待在家裡，頭髮不染了，人也胖了，很快就老了，走在路上幾乎認不出來。

但有些人就算沒有高薪高位，依然積極在非營利組織（NPO）擔任志工，做起事了還是衝勁十足。這樣的人生活有重心，每天跟人接觸，不斷學習新的事物，老得比別人慢。

那天自強號上那對父子，父親提著公事包，看起來要去花蓮出差。我的座位就在他們的後方，很安靜的一對父子，很有教養的家庭。

我到花蓮走了好幾個地方，太魯閣的山月橋、新城鄉的練習曲書店、豐年祭、七星潭的定置漁場等等。在七星潭的時候，看到很多家庭旅遊，年輕的爸媽和幼齡子女。

回程的路上，我搭太魯閣列車。前後座和鄰座是一群大嬸，已經退休的人，

上車之後嘰嘰喳喳說個沒完，國台語交雜，講的都是生活的瑣事。如果退休之後會變成如此乏味，我看我還是盡可能上班吧，做到做不動為止。

有了核心價值 還要附加價值

週二傍晚六點，我陪一位業務同事去拜訪某大企業總經理，相談甚歡。語聲暫歇，那位總經理突然對我說：「學呈，你那天在LINE的貼文區貼了一張欒樹的畫作，畫得真好，我很喜歡。」

這話完全聽得懂。我馬上回他：「如果您喜歡，我可以送您那幅畫。我裱框送您？或者送您畫心（就是畫作那張紙）即可？」

他很直接說：「我們都這麼熟了，我的畫框都是手工的，你送我畫心即可。」

我們約個時間，我請你吃晚飯，感謝你送畫。」

我們確實很熟。我跟他認識超過三十年，剛認識時他是科長，力爭上游，現在爬到總經理的位子，真的不容易。送畫是恭喜他，也感謝他這三十多年來對我的照顧。

紀州庵 學呈 10/18 2020

我認真做好他委託給我的專案，這是我的核心價值；沒事陪他聊聊天，送他一幅畫，這是我的附加價值。

我們出來混，除了核心價值之外，還要有點附加價值。核心價值是有用，附加價值是有趣。有時候，有趣比有用更加讓人記得。

前一陣子，風傳媒官網新增一個贊助專區。為求美觀，專區的文案不用電腦字，承辦人員想用書法。他們跑來找我，請我用小楷行書寫那些文案。我寫了一個晚上，隔天交件。

專區上線之後，好幾個同事來跟我說：「那些字真漂亮。」其實那一週，我成交好幾筆大單，沒有人跟我恭喜，他們只記得我的字。

這個世界就是這樣。別人通常會忘記你的大恩大德，但是他們會記得你的小恩小惠。

在企業擔任高階主管，核心價值是把本業做好，附加價值是常常掏腰包請部屬吃飯。根據我的經驗，同事常常忘記我讓公司的業績創新高，但他們記得我曾經請他們吃國賓Ａ CUT牛排或新都里的懷石料理。

我們讀歷史，那些宿儒名臣通常也都有核心價值和附加價值，而且附加價值的光彩絲毫不輸核心價值，例如曾文正公的家書、王安石的詩作，以及美國前總統柯林頓（Bill Clinton）的薩克斯風演奏。

前兩天，我陪一個客戶在台北市同安街的紀州庵喝茶，花木扶疏，有情侶在草坪上拍照。喝到最後，我要起身離開時，他對我說：「王社長，我在LINE看到您的一幅畫⋯⋯」

不好意思，那天我刻意裝傻，沒把畫送他。原因有兩個：第一、我跟他不夠熟。第二、他下的預算不夠多。

繁華過盡

建長寺的梵鐘，日本鎌倉。這個梵鐘的歷史超過七百年，是日本的國寶。

二〇一九年十一月的下午，我站在梵鐘的前面，正思量如何描繪，一群小學生熱熱鬧鬧地走到我前面，站在梵鐘前，童聲喧嘩在夕陽斜輝裡，古蹟和學童，形成很有趣的畫面。

鎌倉的歷史名著是《平家物語》，而《平家物語》的核心精神就是「諸行無常，盛者必衰」。

二〇一九年台灣媒體圈有兩件大事。一件是商周集團更換執行長，另一件是《蘋果日報》全面走向會員制和付費閱讀。

商周更換執行長之後，全力建構數位平台；而《蘋果日報》貿然走向全面付費閱讀，結果2C（來自消費者）的收入遠不如預期，2B（來自企業界）的流量

王學呈 11/17 2019

廣告收入大幅衰退，後來付費閱讀的計畫失敗。

我曾經待過商周和蘋果，看到前東家發生這樣的變化，內心有無限的感慨。

經營事業是困難的，最關鍵的通常不是科技，也不是市場，而是人性和團隊的慣性。改變慣性何其艱難，每個地方都有生態系，盤根錯結。

凡人的世界有對稱的特質。掌握權力多久，離開權力之後，落寞就有多久，要嘛時間的距離等長，或者心情的質量等重。一個錯誤的決策何以形成？這跟企業文化和團隊的慣性有關，不是今天，也不是昨天，所有的因在幾年之前就已種下。

從二〇〇〇年以來，台灣的媒體的數位化之路始終坎坷艱辛。維持適量的人力結構，控制成本，是存活的關鍵。我不認為海量經營能夠讓媒體損益兩平，因為Google、FB（臉書）和聯播網的曝光和數據成效已經取代過去媒體的曝光功能。

未來能夠賺錢的媒體可能是分眾的，垂直經營。此外，每個事業體應該被賦予自負盈虧的使命，可能是比較長久的經營方式；而經營者抱持平靜的心情和謙

卑的態度，也是必要的，因為世事無常。

佛家的因果是等距的，也是必然的，最後就是空性。經營媒體和通路的人，

可能不要把工作當工作，因為那是一條非常漫長的路途。具備空性，把工作當修

行的人，比較能夠在遙遠寂寞的競逐中勝出。

世之學老子者則絀儒學亦絀老子道不同不相

為謀豈謂是邪李耳無為自化清靜自正

嘉靖戊戌六月十有九日為

北山鍊師補書此傳於是余年六十有九矣

歐陽公嘗言夏月據案作書可以消暑忘

勞然余揮汗執筆秖覺煩苦爾豈公自有

所樂也是日午後微雨稍涼但苦窗暗故首尾

濃纖不類不覺觀者之誚云

庚子深秋　王學呈

2 長官與部屬

我們在職場打滾，最重要的資產有兩個，一個是信任，另一個是時間。

因為信任是一身專屬，時間一去不返，所以我們應該珍惜手中的每一次機緣，善念善為，樂在其中。

我臨摹文徵明的小楷作品《老子列傳》最後一段。

無法慰留的辭呈

春節之後，總會收到辭呈，今年也不例外。

她來公司三年，春節上班的隔週跟我提辭。我問她：「不是才剛成交一個年約大案嗎？幹嘛要走？要去哪裡啊？」

她說：「有一家同性質的公司找我去當總監，負責帶七、八個人，月薪比現在多一倍。」

我說：「這是升官又發財，我沒有條件留你，恭喜你！我們好好吃頓飯，把你送走，祝你順順利利。」其實我私底下有點擔心，因為她完全沒有帶過人，沒有管理經驗，這條路絕對辛苦。不過，反正年輕嘛，放手一試，沒什麼好怕的。

我擔任管理職超過二十年，通常有三種辭呈我不會慰留：

第一是進修，尤其是有專長、有學位的進修，如果同仁申請到很好的學校，

萬華龍山寺 王學呈 2/16 2020

又存到足夠的錢，那真是他的福氣，一定要好好祝福他。進修是人生總體能量的

提升，未來一定有回報。

但是那種到國外打工遊學，剪羊毛、採水果，毫無專長的遊學，基本上我不

支持。我看過一些從澳洲遊學回來，沒存什麼錢，英文沒學好（因為都在跟動物

和植物相處），愛情飄走，回到台灣職場削官減薪的案例，比比皆是。真是浪費

青春。

第二是生病。命只有一條，生病就要休息，工作可以再找。可能是網路時代

工作壓力的緣故，近年來一些慢性病也發生在年輕人身上，每年都有年輕同事因

為生病而請辭，這時候只能讓他們離開，祝他們早日康復。

第三種就是被挖走。通常同仁被挖走，我會問兩個問題，第一是有沒有升

官？例如歷練管理職，或者培養更好的專業。第二是年收入有沒增加三成以上？

如果兩者都有，祝你功成名就。

換工作的風險很高，如果沒有足夠的成長性，沒有誘人的加薪幅度，不要輕

易嘗試。

春節過後，我到萬華龍山寺燒香，為家庭和公司祈福，感謝一起打拚的同仁，也祝福另有高就的同仁。相處都是緣分。對於管理者和經營者，辭呈是一種打擊，也是一種提醒。我們總是看著離職同仁的背影，心中得到一些反省和修正。

為什麼是你加薪?

風傳媒集團每年三月有一波加薪升遷。我擬訂這些加薪名單時,正是台北街頭木棉花開的時節。

她來找我,希望被排入加薪的名單裡。我問她:「請問,為什麼是你加薪?不是別人?」

她說:「因為我去年很努力,表現很好,值得加薪。」我說:「你去年的努力已經反映在去年的考績和年終獎金了。這個加薪理由不成立。」

她看著我,沒答話,但是也沒起身離開,看來她沒打算放過我。我跟她說:

「加薪主要是反映未來的成長性,不是酬謝過去的努力。請你回去準備一下,我們另外約時間再談。」

我認為,成長包含兩個層面:

木棉
台北市羅斯福路　王學呈　3/8　2020

第一是加薪同仁的成長幅度優於全體同仁的平均值，例如記者跑獨家新聞和流量互動的成長幅度優於同事，或者業務人員業績的成長率高於同事。加薪人員通常是所有人數的前十％，要贏過九十％的同仁，才可能擠進加薪名單。

第二是加薪同仁的成長方向符合公司的需要。如果公司的方向是垂直分眾的精準成效，而非水平流量，能夠採訪關鍵議題和人物的記者才是公司需要的，網搜腥羶色的小編就不是加薪的對象；能夠成交年約大案的業務才是公司培養的對象，跑散單的業務就不是重點。

跟我要求加薪的這位女同事今年二十九歲，想在三十關卡之前抓住一些「指標」，加薪升官是具體的里程碑。

我自己也曾經二十九歲，可以體會那樣的心情。那時候我也想做一個小主管，年收入超過百萬元，找一個想結婚的戀愛對象。那是一九九一年，整體環境成長的年代，只要努力就可以獲得回報。

現在是重新分配的時代，選對分眾，站對位置是最重要的事。年輕人光是認真還不夠，認真的方向和速度必須正確，而且保持彈性，隨時配合市場的律動而

98

調整，才可能成為公司培養的菁英。

至於加薪的幅度，六％到十％是合理的期待。如果你的胃口很大，當然可以開口要求加薪三成以上，前提是你必須具備特異功能。

如果你能為公司開疆拓土，建立新的商模，那不妨要求加薪五成以上。這個世界很公平的。

新手主管的考驗

他今年三十歲，今年春節後被挖去擔任總監，手下有二十個人，直接對老闆負責，這是他第一次擔任管理職。

老闆是五十歲左右的女性，盯得很緊，週末和假日常常LINE他，訊息來來回回就是兩、三個小時，等於假日沒辦法休息放鬆。

他找我要解套方法。週六清晨，我們約在新北市土城的桐花公園，邊走邊聊，惠風和暢，桐花似雪。

我跟他說：「碰到這種神經質的老闆，只有一個方法，就是裝忙。她假日找你，你就說在陪客戶討論專案，或者正在修改企劃案給客戶，稍晚再回她，假日不要被她拖住。」

裝忙只是技術面的做法，真正的問題是基本面。他是新手主管，老闆對他還

桐花 土城 王學呈 4/26 202

不放心。所以我建議他每週主動跟老闆約見兩次，第一次是週一，報告當週的工作計畫；第二次是週五下午，報告當週的工作進度。有了週五下午的報告，老闆心中有譜，通常週六就不會找他，至少週六是平靜的。

他的問題不只是老闆，還有部屬。通常神經質老闆都會配上小白兔部屬，唯唯諾諾，被動保守，什麼鍋配什麼蓋。

他是空降的總監，所有的小白兔等著看他表演。我給他三個建議：

1、拿出武功，搞定幾個大案，讓部屬們心服口服。

2、善待部屬，請他們吃飯喝酒，跟他們搏感情，先對他們好。

3、挑一個最沒用的，殺掉，殺雞儆猴，順勢調整團隊的素質。

通常一個新主管必須在三到六個月內完成這三個階段。如果超過六個月還搞不定，新主管的位子就會坐不穩，因為有些老闆很沒耐心，而且市場也很殘酷，不斷產生變數。

《孫子兵法》指出，戰爭勝利的元素是「道、天、地、將、法」，最重要的是公司的資源和策略（道），以及市場環境（天地），將軍和戰術排第四和第五。好的將軍必須配上對的老闆和相稱的市場趨勢，才有可能打勝仗。

專業經理人其實是很脆弱的。我看過那種神經質老闆，有的像碎碎念的雜貨店老闆，有的像每天嗑藥的黑道大哥，不斷折損專業經理人。

看看我那位三十歲的總監朋友，每天面對神經質女老闆和小白兔部屬，這種公司的天命大概早已註定，改變的可能性很低。我期待他能做滿一年半或兩年，做出績效，完成歷練，順利拿到總監的職涯紀錄，然後找一家合適的公司，朝副總經理的目標邁進。

你的慣性就是你的命運

她又換工作了。過去四、五年來,她每份工作都只做八、九個月,中間還做過SOHO族。每次換工作的理由大概都差不多,都是別人無法配合她,做不到她要的成效。

我勸過她,如果別人跟別人合作都沒問題,但是別人跟你合作有問題,那就是你的問題了。她自視甚高,聽不進去。

我估計她現在這份新的工作大概做不到年底,接下來就要自己做老闆了。因為她的履歷表變動太頻繁,應該沒有人敢聘用她了。

另外一個案例是一個美麗的少婦。當年因為失戀賭氣,嫁給一個竹科工程師,有一個小孩。她說她不愛她老公,所以這十年來不停地外遇,結交理想中的男朋友,一個接一個。

九重葛 王學呈 3/22 2020

我覺得她老公不是笨蛋，應該不會完全不知情。老公之所以沒有僱用徵信社去抓姦，是因為小孩還小，不希望傷害孩子的童年，所以老公睜一隻眼閉一隻眼。

但是如果她維持這樣的慣性，有一天小孩長大了，自己也人老珠黃，過了一個命運的平衡點，老公可能就會出手了。到時候她會失去婚姻、小孩和遮風蔽雨的房子。

慣性是人生最艱難的習題。有人因為太愛喝含糖飲料，所以胖；因為習慣遲到，所以升不了主管；因為習慣追高殺低，所以常常在股市賠錢。慣性是因，業報是果。

慣性也是所有組織的罩門。慣性就是企業文化，企業文化源自於老闆的性格。引進新的人才和技術並不困難，最困難的是這些人才和技術怎麼和企業文化相融。

很多老闆都有小三。英明的老闆把小三擺在外面，例如搞一個基金會，讓小三去負責；或者開精品店或花店，讓小三去經營。小三絕對不進自己的事業體，

106

免得破壞企業文化。

蠢的老闆把小三放到事業體，把企業變成後宮，小三變成為執董或副總，小三和家臣、將軍鬥成一團，烏煙瘴氣。情慾和經營混在一起，績效當然不會好。

幸福需要好的慣性，就像花開需要亮的環境。種一株九重葛，必須有充分的日照和露水，並且適度施肥，才有豔麗的花開。把花種在陰暗之處，永遠等不到花開。

送給長官的禮物

她今年二月到某大企業上班，部門有七十人左右，主管是四十歲左右的已婚男性。該主管最近升任副總經理，她想送一份賀禮，但不知道該送什麼？於是私下找我諮詢。

我跟她說：「我覺得你不需要送禮。那是多餘的。」

她說：「可是，其他的同事可能都會送吧。」

我說：「那是沒自信的同事。你的工作績效就是送給主管的最好禮物。如果他是英明的主管，他會記得的。」

大多數的職員都想引起主管的注意，於是平常幫主管買咖啡、特殊場合送主管禮物等等，這都是B咖或C咖的做法。真正的A咖是把自己的工作做好，成為部門的第一名，讓主管發現你，想盡辦法收編你，把你變成自己人。

王學呈
6/14 2020

變成部門第一人的另一個好處是花香襲人，連別的部門主管都可能跨界來挖你，這是很過癮的事。接下來，你只要挑一個會成功、肯分享的主管，跟他一起成長。

網路時代發聲容易，眾生喧嘩。當大家都急於露臉發聲時，長官和老闆反而會去注意那種績效很好但特別安靜的同仁。

這個年代，做好本業、安靜、不去打擾長官，是最有效的自處和行銷。在老闆和長官面前，動作愈少愈好，這才是高手。

好比年輕美麗的女子獨自坐在街角的露天咖啡座，她不用搔首弄姿，只要靜靜地坐著就好，幾分鐘之內，正拍、側拍和偷拍的人一堆，還有人主動搭訕。

有一天你變成高階主管，出將入相的最重要元素是能量和雅量，不要貪小便宜，不要收部屬的禮，公正嚴明，塑造一個簡單、公平而有效率的生態系。

如果你把部門帶好，不需要自我宣傳，不需要公關，市場和同業很快傳開。

或許有一天，你辦公桌上出現一份禮物，可能是Hermès的領帶，也可能是Louis Vuitton的公事包，領帶和皮包的顏色完全是你的主色系，精心挑選過的，

送禮的人是某集團的老闆。那恭喜你！有人來挖你了，而且可能是總字輩或長字輩的位子。

辭職 不要說謊

她是我以前在商周集團帶過的業務同仁，當時她是管理職。後來我們又有機會做同事，這回她是業務人員，不是管理職。

她想擔任管理職，但她的業績普通，戰功不夠，如果升她擔任業務總監，難以服眾，我會擺不平。這件事就一直擱著，我在等她的業績。

春節過後，她跟我提辭，她說某家健檢中心挖她去擔任健檢顧問，辭意甚堅，我只有順手送她走，請她吃飯，祝她一切順利。

兩週之後，我得知她不是去健檢中心，她去某網站擔任業務主管，她說謊。

這種事，江湖上常發生，閉著眼睛讓它過去，就當作什麼都沒發生。

事情還沒完。一個月之後，有一個非常優秀的企劃同仁打算提辭。消息傳到我這裡，我起了疑心，懇談追問之後，發現原來是「她」回頭來挖角。說謊之

後，又來挖牆角，這種事我無法忍受。

我找了那位企劃同仁和企劃主管，我直接說：「她出多少，我就出多少，我再加一成。」那位企劃同仁本來就是公司培養的對象，我把明年要升官加薪的額度，提前在今年動用，把人才留下來。

面對挖角這種事，只要是公司要培養的人才，那就是直球對決，宣示主權，也展示國力，一次就讓對方死心，免得她來挖第二個和第三個。

沒想到我帶過的人，也有這種性格不磊落，手法不高明的。

先談辭職這件事。這個圈子很小，紙包不住火，如果因為新東家的保密條款，可以委婉跟舊東家說明，暫時不說去處，等報到之後再告知，大家都是出來混的，可以諒解。不說總比說謊好，沒有人喜歡被騙。

風傳媒有一個勤奮的業務男生，三十歲，業績很好。他今年五月提辭，問他去哪裡？他說去外商公司，簽了保密條款，暫時不能說。後來我們知道他去LINE Pay，大家替他高興，因為他一直想去跨國企業工作，美夢成真。

再談挖角。只要是人才，必定是原公司全力防禦的對象。根據我當年在《蘋

果日報》的經驗，想挖別家公司的人才，至少加薪三成，或者加薪五成以上，才有可能成功。如果挖角只加薪二成多，這一定在對方主管的火力射程內，大筆一揮，馬上升官加薪，人就被留下來了。挖角除了多準備一些銀子之外，還要提供一個能夠成長的環境，才可以廣納英雄。

前一陣子，我去國家劇院看歌舞劇《十二碗菜歌》，感受台灣傳統的辦桌文化。無論看秀或聽音樂會，我最喜歡最後的謝幕，表演者和觀眾彼此鼓勵，真情交流。

歲末年終，又是換工作的旺季。辭職是另一種謝幕，真誠很重要，不要說謊。江湖路窄，大家隨時可能見面。

年終約談

網路公司很多年輕同仁，年終約談很像聊天。通常我會問他們：「這一年有沒有什麼特別記憶的事？」從最深刻的場景和印象談起，了解他們一年最有成就感和最挫折的事。

我覺得「專長」很重要。以編務同仁為例，如果你專精科技產業，並且可以找到張忠謀、蔡力行、童子賢這些人，讓他們願意跟你講話，讓你寫稿，這就是你的核心價值。核心價值不只是專業知識，更重要的是人脈。

業務同仁更現實，最重要的技能就是成交。業務人員一定要有專精管區和死忠客戶，願意拿預算給你，而你也不負所託，做出成效，讓他可以對公司交待。這就是良性循環，幫助彼此步步高陞。

簡而言之，走江湖就是要有絕招，吃定一個或兩個領域，例如金融，或者房

九重葛
王學呈 1/10 2021

產，或科技，經年累月深耕。只要你變成這個領域的第一名，那就無可替代，吃喝不完。

年終約談到最後，我通常會問兩個問題。

第一個問題，「請問，有沒有什麼是我或公司可以幫你做的？」

這個問題的回答很熱鬧。有的同仁希望換管區，有人期待加薪，有人表達春節後打算報考研究所，希望我幫她寫推薦信。還有年輕男同事以半開玩笑的方式表示，聽說台北市有一家很高檔的餐廳，希望社長請客，帶大家去開開眼界。

第二個問題，「請問，你有沒有什麼話要跟我講？」

有一個年輕女同事聽到這個問題，沈默半晌，然後說：「我跟男朋友分手了，我提分的，我們在一起四年多……」

聽到這樣的回答，我通常在心中默數一秒、二秒、三秒，大約五秒之後，很熟練地把會議桌上的面紙盒遞過去，然後女生開始哭，淚如雨下，一直講、一直哭。

等到她哭得差不多時，輪到我講了，我說：「確定不會幸福，就果斷分手，

好。」

一切都會過去的。你在他身上付出的四年多青春，就當成前世宿債，還清了就

這個時候，不太像年終約談，比較像爸爸在跟女兒說話。公司裡的年輕同

事，大約跟我兒子和女兒年齡相仿。

年終約談是年度大戲，尤其是二○二○這樣的大疫之年，大家可以撐到年

底，真的感激莫名。二○二○年的年終約談，特別深刻。

完成年終約談和年度考核之後，我通常會到找一個晴朗的南部小鎮，走走

路，曬曬心情，欣賞豔麗的九重葛，算是跟自己的對話。

接班人

他今年三十八歲。四年前我在東森新聞雲（簡稱Ｔ雲）擔任總編輯時，打算培養他。把一個人從主任變成總編輯，大概需要五年到八年吧？

我看上他的原因如下：一、他是優秀的網路咖。二、他聰明善良。三、他年輕。網路即時新聞台總編輯的工作很像對沖基金經理人，也像全球外匯交易員，全天戒備，全年無休，很需要體力和熱情。

後來事與願違。我在Ｔ雲只待了一年多就陣亡了，無法再帶領他，只能默默祝福他，希望他在Ｔ雲平安順利，步步高升。

沒想到今年七月，他也離開Ｔ雲。他的際遇很好，被某網路新聞台挖去當總編輯。

我們有三年多沒見面，於是約了一杯咖啡，師徒之間聊聊天，談談如煙的過

新北市 雙溪
王學呈 11/1 2020

往，以及他的未來計畫。

　　喝完咖啡的隔天，我到新北市雙溪出差，坐在牡丹溪畔，不時想起我在Ｔ雲帶過的那些後起之秀，還有他們這幾年的職涯變化。我有三個感觸：

　　1、生涯只能想像，無法完全規劃。不只部屬的前程無法規劃，我們甚至連自己的生涯都無法掌握，因為市場變化太快。

　　2、只要是人才，一定脫穎而出。我一心想要培養的Ｔ雲總編輯，到最後變成競媒的總編輯。重點不是我的心力，而是他自己的實力。我相信「水到而渠成」，就像牡丹溪，先有河水，才有河道。武功高強的人，必有開山立派的機會。

　　3、在這個多變的年代，說「盡力而為」可能太沉重，設法「樂在其中」可能是比較合適的心境，因為成敗有七成繫之於環境和時勢，不管逆境或順境都是我們真實的人生，那是無可重覆的歷程。

禪宗所謂的「活在當下」，在科學領域有另一種解釋方式。孔子說：「逝者如斯，不舍晝夜。」意謂時光不可倒流。但在物理學和天文學的領域裡，透過時空維度的折疊，時間旅行和時光倒流是可能的，但即使時光倒流，相同的機會只有一次，因為機會的嘗試和生滅，將產生蝴蝶效應，改變所有生態條件。

所以專業經理人應珍惜手中的每一次機會，因為所有的成功或失敗都將留下足跡，形成因果。

回頭想想那位我只栽培一年多的接班人，我看到他描述新職和夢想的炯炯眼神，不免憶起我三十八歲之後在職場的所有努力。誰不想有一番作為呢？誠如我們熟知的那首英文歌曲《Everybody Wants to Rule the World》。世人皆有江山夢。

123

好好珍惜你現在的煩惱

新冠疫情當道，客戶執行預算特別謹慎，某個專做通路的客戶多次要求修改專案。企劃同仁找我抱怨：「文案又要改了，這個客戶超煩。」

我回她：「店面生意不好，客戶一定比我們還煎熬，做業務要有同理心。好好珍惜你現在的煩惱。客戶現在願意找我們，表示我們還有價值，還有幫他解決問題的能力。哪一天客戶不煩我們，表示他去找別人了，這個案子就死了。」

商場和職場的煩惱都是助力，不是阻力。長官或老闆願意把難的工作交給你，讓你去傷腦筋，表示他看重你的能力，或是希望增加你的歷練。

長官不會找你麻煩，交一個超載的工作給你。找你麻煩就是找他自己的麻煩，因為你搞砸了，到最後還是他要出面收拾。

現在的景氣不好，很多公司都有縮減成本的壓力。如果你每天上班都很平靜

124

流蘇 王學呈
4/12 2020

輕鬆，準時上下班，正常休假，沒有人找你麻煩，那你反而要擔心，生於憂患而死於安樂，你可能是組織要放棄的人。

以前我在《蘋果日報》工作時，當時的執行長葉一堅教我們：「盡可能挑難的事情做，難的事情才有進入障礙，你們才會進步；簡單的事情大家都會做，很快就有一大堆競爭者。簡單的事情沒有價值。」

後來我也用同樣的邏輯帶人做事。想要培養一個人，給他難的工作，就算失敗都沒關係，嘗試一次、兩次，讓他成長。

跟客戶互動，盡可能把案子做得創新別緻，因為這樣的案型可以甩掉所有的同業，確保客戶將來續購，跟我們簽下長約。

我們不是官二代，也不是富二代，我們是凡夫俗子，註定要在江湖上打滾，煩惱是我們的負擔，也是我們生存的依據。

前幾天我到台北市二二八公園散步，剛好看到盛開的流蘇，白色的花朵在風中飛舞，像白雪，流蘇因而被稱為「四月雪」。

流蘇的花語是「懷念往事」，很寫意。回頭看看，許多往事當時都以煩惱的

形式登場，我們正面思考、耐心解決之後，煩惱變成良善美好的記憶。

世事是度門。禪宗認為，所有的智慧和圓滿都從煩惱開始。我們總是在逆境和順境的交替中，在嚮往未來和追憶往事的拔河裡，慢慢接近真實的自己。

你想變成什麼樣的人

有人挖他，他也想換工作，但又有點捨不得現在的舒適圈，心情兩難，於是找我聊聊。

我們約在台北市武昌街的明星咖啡館。剛好碰上台灣省城隍廟的廟會，女子北管樂團在街上演奏，吹的是《桃花過渡》這首曲子。

他說：「公司的長官都很照顧我，同事感情也很好，但我覺得再待下去，我可能不會有什麼改變和成長。如果去一個新的地方，或許可以學到新的東西，有一些成長。」

他三十幾歲，智商和情商都高，是公司栽培的中生代。他面臨的抉擇，可能是目前所有企業中生代的共同課題。

我覺得所有的中生代都必須想清楚一個問題，那就是五年或十年之後，你想

北管　台北市武昌街　王學呈　10/11 2019

變成什麼樣的人？

仔細看看你的老闆，以及你老闆身邊的那些高階主管，如果他們是你景仰的對象，那你就待下去，力爭上游，最後變得跟他們一樣。

你必須變得像你老闆，才有可能爬到高位；位居要津之後，你必須更像你老闆，亦步亦趨，否則，你的位子坐不久的。

正因為如此，所以你必須認清你的老闆。我覺得好的老闆包含兩個元素，第一是正派，第二是正常。

正派是時空的長久考驗。這個世界沒有壞人，只有壞的時刻。有的人在壞的時刻可以堅持；有些人不能堅持，於是游走灰色地帶，運氣好，沒事，運氣不好就出事。碰到這樣的老闆，專業經理人跟著倒楣。

而關於正常，定義很清楚。工作只是生活的一部分，工作不是生活的全部。

如果這個老闆的白天和黑夜都一樣，平日和假日都要求你工作，除非年薪三千萬台幣（也就是百萬美元，像鴻海集團一樣）以上，否則沒有必要。工作只是工作，工作不是命。

130

如果你的老闆不正派也不正常，你不想變得跟他一樣，那就走人，分手趁年輕，老了就走不掉。

我行走江湖三十幾年，真的看過一些不正派也不正常的老闆，牛鬼蛇神，搞七捻八。對於這樣的企業，我的感想如下，「擁有能力，但欠缺品格；非常辛苦，但是不會幸福。」

五年級交棒給七年級

他在老闆身邊做事。集團老闆要他去物色下一個世代的菁英和經營團隊，長期培養。關於下個世代的領袖，老闆提出三個條件：

1、具有創新整合的能力，尤其是新科技的學習能力和應用。

2、堅忍正直的性格。

3、年齡在三十五歲到四十歲之間。

因為找人的需求，他接觸一些企業主，彼此交換訊息。他發現不少企業主跟他的老闆有相同的想法，對於下一個世代的領袖候選人，年齡都設定在三十五歲到四十歲之間。

132

王學呈 7/19 2020

換句話說，現在當權的總經理、執行長介於五十五歲到六十歲之間，交棒的對象可能是現在三十五到四十歲的這批菁英。五年級交棒給七年級，多數的六年級生被跳過了。

我們都曾經認真帶領過六年級生。六年級生不是不認真，不是不優秀，只是作主的時機被錯過了。

台灣從一九九九年之後空轉了二十年，升職加薪的機會變少，多數六年級生當家作主的時機被錯過了。

現在全球去中國化、供需區域化，有些台資和外資回流台灣，台灣的經濟成長空間回升，但現在的產業和職場需求偏向5G（第五代行動通訊技術）、AI人工智慧等等，關於這些領域，七年級生可能比六年級生嫻熟，而且七年級生可能比六年級生更具成本優勢，工作的年限數更長。

如果以華語流行歌曲為界限，聽張宇、伍佰的當年那批年輕人被跳過了，聽周杰倫、五月天和S.H.E的那群人正要迎向浪頭。

多數六年級生的未來出路可能是副手，協助五年級生之後，接下來輔佐七年級生，類似執行副總的工作。

我們都有七年級和八年級的同事。跟五年級生和六年級生相比，我覺得七年級生和八年級生有兩種特質。

第一是中性。女生有點像男生，男生有點像女生。女生比男生直接，跟長官稱兄道弟。年輕的男生思維比女生還細膩，凡事分攤，跟女生討價還價。

第二是多變。對於政黨、信仰、婚姻和工作願景有點搖擺，時左時右，不像五年級生在威權的體制中長大，比較乖，很年輕就立定志向，承擔責任和家庭。這種搖擺性格跟網路的特性很像，以脈衝的方式尋找下一個節點，外觀就是多變多樣。

以髮型為例，五年級生不輕易改變髮型。當年的男生剃光頭，通常是因為當兵或生意失敗；女生突然剪短髮，通常是因為失戀或重大變化。

我以前帶過的兩個八年級女生，以前是長髮，最近不約而同在臉書曬她們剪短髮的照片。問她們原因，理由是「因為天氣很熱啊」。改變只需要一個簡單的緣由。

135

現任永遠最好

年終約談。我請他吃義大利菜，我們坐在窗邊，餐廳外牆的爆仗花已經開了。他是認真實在的同仁，我打算明年讓他升官加薪。披薩端上桌時，我問他：

「你出社會十年了，有哪一段工作的成長性最高？最值得你懷念？」

他侃侃談起之前待過的某一家公司，收穫很多，那時候的景氣很好，收入一年高過一年，至今他還常常想起那段歲月。他講得很起勁，墜入回憶，整盤披薩都快吃完了，準備上提拉米蘇和咖啡，他還在講。

這個問題其實還有伏筆。接下來我會問：「那我們怎麼克服當前的困境？讓公司和自己的收入突破當年的高點。」很多人張口結舌，答不出來。

我們都經歷過那段輝煌歲月，那段「左手拿麥克風唱錢櫃KTV，右手拿筆簽委刊單，邊唱歌邊收單的日子。」現在幾乎分不清楚到底是前公司很優秀？或

爆仗花 王學呈 2/10 2019

是那段景氣實在太醇厚？

情場有一句名言：「現任永遠最好。」千萬不要跟你現在的女朋友的面前提起前女友，你會死得很慘。跟現任女友同居之前，所有前女友的照片檔案和相關物件都要銷毀，或者藏好（最好燒掉，一了百了）。職場也是如此，現在永遠最好。好好珍惜現在跟著你在一起的人。

年終約談如果主管問你：「之前待在哪一家公司的成長性最高？」我聽過的回答有三種：

1、老老實實地回憶並描述某一家公司，沉浸其中。這樣的回答很質樸，但是沒智慧。

2、回答「現在的公司最好，現在的主管最英明」，這話很動聽，但是有點矯情，很不真實。

3、回答「曾經在某一家公司有成功經驗，但希望能夠在現任的公司有所創新，再創新高。」然後提出具體想法和做法。這是有智慧的回答。但是能夠這樣

正向思考的人，真的很少。

佛家有言：「萬緣今生度，不待來世。」現在永遠是最好的，因為我們活在現在，能夠努力的就是現在，享受和體驗的也是現在，那些在我們身邊的人，我們所有的努力和經過，伴隨的陽光和風雨。

與其懷念上次或期待下次，不如盡心做好這次。此時此地的我和你，永遠是最關鍵的，也是最甜美的。

互補才可以幸福長久

他接了大位，開始調整經營團隊。我看他找的人都有很高的同質性，基本上就是自戀，他的團隊跟他都很像。光看這樣的佈局，就知道未來一、兩年，他會很辛苦。

自戀團隊的專長接近，性格雷同，你會的我也會，你不會的我也不會，景氣好的時候可能沒事，但景氣不好的時候，可能出現集體決策錯誤。

第一次接大位、第一次創業和第一次戀愛都可能走上自戀這條路，找一個跟自己很像的人，順境時轟轟烈烈，逆境時肝膽俱裂。

這幾年媒體不景氣，有一些記者從報社退下來，幾個人湊合搞一個工作室，大家的專長都是編務，沒有人做業務，也沒有人管財務，連最起碼的存貨和應收帳款都沒概念，這樣的團隊很快就潰散了，而且是不歡而散。

花嫁　京都　王學昱 6/28 2020

做事業、打天下，需要的就是梁山泊那樣的組合，一○八位英雄好漢各有專長，性格互補，不同的陣仗由最適合的人上場，局面才可能長久。

情場的自戀通常也是短命的。我大學畢業至今三十七年，有一些大學同學和社團朋友已經退休了，最近有些聚會。見面時才知道當年那些班對、系對和社團的情侶檔，一些早就離婚了，離婚的幾乎都是性格的同質性高，個性強的、愛花錢的、才高八斗的、自我中心的，年輕時談戀愛可以，婚姻生活實在太漫長，禁不起自戀的磨擦。

比較好的婚姻可能是才情共通，但需求互補。有共同的興趣和嗜好，生活有交集和話題，才可以長久相處。而需求互補絕對是關鍵，看看我那些大學同學和朋友，愛花錢的必須配上愛賺錢而且有收支概念的、個性急的配上深思熟慮的、不做菜的配上一個會做菜的，生活就是這樣點點滴滴走過來。

領導者最大的困難是包容異己。找一群跟自己很像的部屬當然很舒服，順風順水，連呼吸的頻率都很像。但是只有包容跟自己不對盤的人，才有可能補足自己的缺憾，把格局做大。

142

我還記得那年在京都旅行看到的花嫁，新郎和新娘對未來的憧憬。好的婚姻就是接受彼此，在漫長的歲月裡同甘共苦；好的領導就是動心忍性，跟自己討厭的人好好相處。

才能之所在 也是缺陷之所在

他是我的好朋友，建中、台大和美國長春藤名校畢業，絕頂聰明，語言直接，常在認真做事的過程中得罪人，甚至公然頂撞老闆，因此一直卡在副總經理的位階，上不去。後來集團的二代接班，一朝君主一朝臣，他就退休了。壯年退休，總是有點遺憾。

看到他的遭遇，我常常想起自己在職場的歷程。才能之所在，常常也是缺陷之所在，就像孔雀的羽毛，是美麗，也是負擔和限制。

我們常常自恃有過人之處，盡情發揮，專業能力用到極致，旁若無人，變成負數，到最後是減分，不是加分。例如這幾年有些財務出身的總經理，拚命省，省到忘我，牽制了產品部門的研發，讓公司喪失競爭優勢，最後公司和自己都受害。

海芋 竹子湖 王學呈 2020 3/29

很多事情都是一體兩面。專業是安身立命的核心，卻也是轉型升級的障礙。

舉例來講，傳統媒體有很多優秀人才，紙媒和電視是他們的強項，但是他們遲遲無法進入新媒體的社群操作和精準成效的領域。過去的資產慢慢變成現在的負債，一旦時間用完，就被迫退休。

上天賦予我們才能，但也在才能的背後埋下變數和風險。「善游者溺，善騎者墮。各以其所好，反自為禍。」《淮南子・原道》早就說出這樣的道理。

人生是很弔詭的過程。有才能的人走過繁華，之後的落寞甚於凡夫俗子的寂寥。就如清朝乾隆皇帝的寵臣和珅在死前寫下「對景傷前事，懷才誤此身」的感言。

現在是陽明山竹子湖海芋盛開的季節。白色海芋，亭亭玉立，海芋必須生長在潮濕多水和冷涼的環境，所以只能在竹子湖大量種植，其他的地區不易栽種。

海芋的花朵潔白碩大，莖幹修長，在插花的時候不容易和其他的花種相容。

房間太小或花器太短，都裝不下海芋。海芋太特殊了，屬於孤芳自賞的花朵。

海芋很像那些有才能的人，也像清秀白皙、個性孤絕的女子。美麗的背後潛藏著脆弱和缺陷。

避開這樣的宿命需要心境的轉折。從絕頂聰明到智慧圓融，從鋒芒畢露到宅心仁厚。而這些轉變，通常需要時間和挫折的磨鍊。

理 4/5
2019

3

男人的心情

平凡才是最真實的。

我們年輕的時候追求卓越，

後來慢慢知道，卓越來自平凡，

就像過年熱鬧，過日子平淡，

但是必須先過日子，才可以過年。

生活的伴侶就是日常。

快樂的普通人

十月初的晚上，他去台北賓館參加國慶酒會，沒想到碰到她，她穿著華麗的洋裝。

二十多年前，大約也是十月初，他去拜訪Ａ公司，洽談基金合作業務，接頭的窗口就是她，當時她的頭銜是企劃襄理，剛從美國留學返台。那次的洽談很愉快，之後雙方開始合作。

某一天下午，他打電話給她，約她喝咖啡，聊聊天，她當下就答應了。這算是兩人第一次約會。

第二次是他約她吃午餐，她也是馬上答應，而且準時赴約。

吃完那次午餐之後的隔天，他接到一通電話，是Ａ公司的董事長打的，請他到公司聊聊。

台北賓館 王學呈 2/2 2020

他走進董事長的辦公室，現場沒有秘書，也沒有其他主管，只有董事長一個人。董事長請他坐下，開口說：「我女兒跟我提起你。」他傻住了，原來那位企劃襄理是董事長的女兒，他沒注意到襄理跟董事長同姓。

接下來，董事長開始了解他家裡的狀況，工作的前景，未來有什麼目標，問得很具體。這算是很詳細的面試。

面試回去之後，他想了很久，也跟自己的好友談這個狀況。接下來，他收手了，沒有再去約那位襄理，一入侯門深似海，他不想一輩子都活在岳父的眼皮子底下。

那個年代，男生主動，女生被動，男生收手，女生也沒有回頭找他，不過雙方還是維持很順暢的合作關係，男生在基金公司逐級往上爬。逢年過節，他都會收到董事長寄來的禮物。

一兩年之後，女生結婚了，嫁給一個集團的二代。他收到帖子，包了一份禮，寄過去，禮到人不到。

再過一、兩年，他也結婚了，同樣放帖子給她。她包一份厚禮，親自送到婚

152

禮現場，然後離開，沒有入席。

回頭想想，這大概是他這輩子距離豪門最近的一次機會，他卻放手了，因為進入豪門，需要一種人格特質，他不覺得自己具備那樣的特質。更何況，當年就算他努力表現，未必能夠得到，因為這本來就是個門當戶對的社會。

台北賓館的巧遇，讓他想起年輕時的抉擇。不想成為壓抑的駙馬爺，只想做個快樂的普通人。

這三十年來，他靠著自己的努力，在江湖上薄有名聲，小有資產。普通人的幸福和快樂，經過風雨，來得比較慢，但那百分之百是自己的，不必看岳父臉色。

後妻

同學會，地點在台北市敦化南路和信義路交接口，我提早到，盛開的欒花映照橙黃夕陽，秋容如拭。

晚上六點以後，廿多位同學陸續入席。老同學，話題很直接，一見面就開玩笑問：「離婚了嗎？」「存的錢夠嗎？」「小孩孝不孝順？」氣氛很熱絡。

他是這個活動的發起人，我們政大同屆，他曾經擔任某金控集團旗下事業體的董事長兼總經理。他真的離婚，而且再婚，大家不問他的前妻，反而追問他：

「後妻（這是古人的用法，指現任的妻子）如何？」當場他笑而不答。

晚宴結束，我和他，以及幾位同學留到最後收拾東西，大包小包的，叫車不方便，於是我開車送他回家。

他的前妻我也認識，金融圈我很熟。車子從敦化南路右轉基隆路，遇到紅燈

敦化南路 台北市 學呈 10/11
2020

停車，我問他：「你過得好嗎？前妻現在怎麼樣？前兩年她找我借錢。我沒借她。」他代前妻向我致歉。

此時下起小雨，我們都不知道要說什麼，車內一片靜默，只聽到雨刷來回擺動的聲音。

綠燈亮了，我左轉辛亥路，他說：「我的人生從四十歲重新開始，四十歲以前的所有努力都被前妻毀了。」

他的前妻年輕時很漂亮，喜歡操作股票，短進短出，賠多賺少，很快就負債了。他拿錢填補她的財務缺口，所有的存款和資產都倒進去，前妻操作股票的習性還是不改。後來，連他也負債了，他決定人生停損，協議離婚，永不連絡。

一般人以為，離婚是女人的創傷。其實，對於男人來說，遇人不淑也是不堪回首的傷痛。

他花了好幾年重整自己的財務，後來遇到現在的妻子。她從事會計工作，兩人因為業務往來而結緣。他說：「她就是一個平凡的小女人。」他們現在合開一家小小公司，公司只有他們兩個人，老公跑業務，老婆管財務，東山再起。他們有

156

兩個小孩，一個是前妻生的，第二個是後妻生的。

快到他家時，雨勢轉大，淅淅瀝瀝的雨聲。到他家巷口，我放他下車，他拎著大包小包，在雨中向我揮手道別。

回程我一直想著我們年輕的歲月，還有那些努力和挫敗。

停損真的很重要。我們的人生都有挫折，例如失敗的婚姻、錯誤的生意夥伴、時空錯置的決策、高買套牢的資產，還有進錯公司、跟錯老闆。面對挫折，斷然停損可能是最有效的解方。停損永不嫌晚，留得青山在，不怕沒柴燒。

平凡才是最真實的。我們年輕的時候追求卓越，後來慢慢知道，卓越來自平凡，就像過年熱鬧，過日子平淡，但是必須先過日子，才可以過年。生活的伴侶必須甘於平淡，就像我同學的後妻。

我們追求正妹，經常忘記美女也必須具備平實性格。那種想要天天過年的美麗女子，絕對是我們這種普通男人的天大災難。

她愛你多於你愛她

週六下午，我在新北市老梅海岸，打算速寫一幅黃昏。沒想到他也在那附近閒晃。我們隨便聊聊，從旅行聊到他的生活和感情。

他是優秀的業務經理，今年三十一歲，有一個女朋友，現在三十三歲。女生很想嫁他，百般暗示，他不知道該如何回應。

我問他：「你不喜歡她？」

他說：「喜歡啊。但還沒有喜歡到想娶她回家。」

我追問：「所以是她愛你多於你愛她？」

他說：「應該是。」

我說：「這樣不是很好嗎？她愛你多於你愛她，這是最好的幸福配方。這樣你才會輕鬆。愛得輕鬆，才是真幸福；愛得太辛苦，到最後可能一場空。」

我通常建議年輕朋友，用兩個觀念去丈量愛情和幸福之間的差距：

1、愛情憑感覺，幸福靠細節。找一個人談戀愛，憑感覺。在社交的場合裡，環視人群，目光停在哪一個女生身上，那就是她了，就像男生買領帶、女生買裙子，第一眼就是第一選，絕對不做第二選。

但兩個人要長久生活在一起，幸福是細節的累積，柴米油鹽醬醋茶，搞不定細節，就會出現裂痕。最小的事，例如誰去倒垃圾？夏夜何時開冷氣、關冷氣？都可以成為吵架的理由。

如果你們可以搞定細節，那就可以長久住在一起，或者結婚。如果只有感覺，顧不到細節，那定期約會就好，千萬不要住在一起，否則你們可能提早結束。

2、愛情要精采，婚姻要和靄。精采的戀情，可能是你愛她多於她愛你，對多數男生而言，難度高一點才有樂趣；但和靄平靜的婚姻，最好是她愛你多於你

160

愛她。

所以，挑一個愛你多一點的女生，一起看電視的時候，她願意把遙控器交給你，讓你決定看哪一個頻道；你旺季加班很忙的時候，她可以自己搭捷運回家，不必勞煩你開車或騎車去接她回家；她願意跟你一起存錢，繳頭期款買房子，而不是自己把錢花光光，然後逼著你去賺錢、存錢買房子。

找一個她愛你多於你愛她的對象，並不是讓你去占她的便宜，而是希望彼此平等對待、共同承擔。畢竟生活是一條十分漫長的路。

男人的皮鞋

我的皮鞋壞了，趁著百貨公司週年慶，我買了新皮鞋。

前一雙鞋是義大利Marelli的牌子，很好穿，穿了十年。這十年的意義重大，幾乎就是我從編務轉業務的歷程。

對於別的男人而言，十年代表什麼？可能是一個老婆的任期，也可能是兩到三個工作的過程。

我覺得男人買東西應該把握一個原則，那就是「買好用久」，買好一點的牌子和品質，然後用久一點。好鞋、好車如果用十年去攤提，絕對划算。

工作的累積也是如此。一份工作如果只做兩年以內，那不是工作，那叫「路過」。就好像我待在《今週刊》和東森新聞雲的時間都不到兩年，沒做什麼大事，那叫「路過」。

我現在在面試新人，對方履歷表兩年以內的工作經驗，通常我給予很低的權數，因為歷練沒有完成，或者可能出了什麼事。那種兩年換三份工作的人，穩定性不夠，我通常不會錄用。

一個職場高手的培養，最少三年，通常要五年以上。至於音樂、書法和繪畫等技藝的培養，通常以十年為單位，十年成為專家，二十年以上才可以成師授徒。

十年穿一雙鞋，十年練一套武功。在網路競速的年代，恆心和慢活反而容易走出區隔。

從另一個角度來看，男人的質感，鞋子是很重要的指標。時尚圈有一句話是「男人看鞋，女人看包」。

穿西裝不難，但皮鞋和襪子常常被忽略。皮鞋要上油擦亮。皮鞋的關鍵是鞋跟，因為走路是腳跟先著地，鞋跟的磨損特別嚴重，鞋跟通常一年要換一次。如果不換，鞋跟就會磨平磨圓，從後面看，很不雅觀。

男人面試中高階主管的工作，儀容從頭髮開始，到皮鞋才結束。很多大老闆

164

面試中高階主管，彼此都坐著，看不清鞋子。面試結束時，大老闆通常會送對方去搭電梯，順便看看對方的鞋子，尤其是對方進電梯之後，轉身之前的那一、兩秒之間，鞋跟完全看得清清楚楚。鞋跟不平整的人，面試通常會減分。

高階主管跟在老闆身邊做事，除了做大事之外，還要處理很多細節，尤其是人和錢的細節，必須兼具細心和耐心。如果連自己的鞋子都穿不好，很多小事會出紕漏的。

一般人以為鞋子被長褲蓋住，看不清楚。錯了，多數人忽略的地方，反而是重點。

七分溫柔 三分引誘

他今年三十一歲，想成家。他跟一個漂亮的女文青約會，約了將近半年，幾乎每個星期都見面，但是一直沒進度，連手都沒牽過。女文青特別喜歡逛台北市衡陽路、迪化街這些老城區。

他問我：「怎麼會這樣？沒進度。」

我回他：「撩妹就跟撩客戶一樣，需要一些手段。女生是七分姿色，三分打扮；男生呢？七分溫柔，三分引誘。牽手需要一個場景。」

他說：「場景？我們過馬路，我想牽她，她走得超快，根本牽不到。請社長指點。」

我說：「馬路當然不行，馬路那麼寬，女生可以自由移動，跟你保持安全距離。戲院最好，約她去看電影，挑大一點的廳，西門國賓的巨幕廳最好，幾十排

陽光夏

In Natural Coffee

50嵐

凱帝理

台北市衡陽路 王學呈 6/30 2019

的位子，買後面一點的座位，故意在開演之後再進場，裡面烏漆墨黑，走上階梯的時候，為了避免女生跌倒，牽手就是天經地義了。記住，牽手就好，不要趁機亂摸。」

他說：「原來西門國賓這麼好用。可是，如果進了戲院，她還是不讓我牽呢？」

我說：「如果她中意你，就會讓你牽。如果約會超過二十次，進了戲院她還是不讓你牽，這表示她根本沒打算把你當成男朋友，那你應該停損，不要再約她。」

追妹和追客戶一樣，都必須設節點。節點的功能就是檢查成功率，如果花了三個月以上的時間，發現成功率低於三成，通常我建議業務同仁停損，把時間和精神花在成功率六成以上的客戶身上。

年輕的男生都犯同樣的錯誤，看到漂亮的女生就想追。漂亮固然是重點，但最大的關鍵是對方對你有沒有興趣？你身上有沒有對方需要的東西？如果有，精誠所至，金石為開。如果沒有，約會吃飯可以，但女生就是不會跟你定下來。

我通常建議同仁，你要先確定客戶的需求，如果我們手上的資源可以滿足客戶的需求，客戶對我們的興趣就存在，只要我們的報價不高於同業，這個案子就會成交。

漂亮的女生都很聰明，約她的男生就是在追她。跟一個男生約會超過二十次，卻連手都不讓他牽，很可能這個男生不是她的菜。

這時候進戲院，試圖牽手就是一個檢測，可以逼出一個結果，讓男生發現事實，面對現實。三十一歲的男人，不打沒把握的戰爭。

四十五歲熟女打敗二十五歲美女

他今年六十歲，單身，長年投資房地產和股票，小有資產。我們認識很久，每年春節前，我都會寫春聯送他，他帶著手沖咖啡到辦公室找我，用咖啡換春聯，我們喝咖啡聊天，交換房地產和股市看法。

我也關心他的感情狀態。他告訴我，他原本有兩個女朋友，一個四十五歲，另一個二十五歲。最近甩掉一個，留一個。

我問他：「你甩掉那個四十五歲的，留下那個年輕的？」

他說：「不是，我放掉那個美眉，留下熟女。」

我追問：「熟女比較漂亮？」

他說：「沒有，美眉比較漂亮。熟女也算清秀，但有點胖胖的，就是中年嘛。」

爵　福

美　覿

满　財

這很離奇，我笑著說：「所以是四十五歲的熟女打敗二十五歲的美女？為什麼？」

他回我：「年輕的妹機車啊！非常自我。熟女比較能夠配合我，我老了，要找一個以後願意照顧我的人。」

我說：「哇～你的話好有智慧，激勵很多熟女。功德無量。」

多數男生不管年紀多大，都喜歡二十幾歲的女生，青春真的迷人。正因為如此，很多中老年的男人都栽在二十幾歲的妹手上，有的是乾妹，有的是乾女兒，弄到最後，人財兩失，傷痕累累。

我這個朋友年輕時就帥，又會賺錢，女朋友沒有斷過，一個比一個漂亮，但都是過眼雲煙，到了六十歲還是單身。現在他醒悟了，找一個可以一起生活的女人。

熟女與美眉的競爭，重點不是年齡，而是態度。年輕美眉涉世未深，以自我為中心；熟女有同理心，自己和對方平起平坐，一起過日子。

青春非常短暫，善良的性情和堅忍的性格才是我們安身立命的基礎。我在鉅

亨網和《蘋果日報》帶過的年輕人，現在都已經四十幾歲了；我在東森新聞雲帶過的小仙女和小鮮肉，一眨眼，已經逼近三十歲，不再有二十歲出頭的眼神，臉上和身上的線條也不一樣了。

這一、兩年我在面試新人時，一個職缺有三、四個候選人，我看的不是年齡或性別，而是同理心，我寧可多花一些薪水，聘請有同理心、經驗豐富，能夠同甘共苦的人。

青春不可靠，只有認真才可靠。

仙女的渡船

他今年三十九歲，從十七歲開始交女朋友，大概交了一打（十二個）的女朋友，每一個女朋友都漂亮。他是時尚品牌主管，入鏡的女生不是美女，就是玉女，或者是仙女，不漂亮的女生根本入不了他的眼睛。

他想結婚，卻一直單身，每一個女朋友都在他身邊停留一陣子之後離開，有的嫁人，有的另外交男朋友。

我和他在台北國賓大飯店吃川菜。我跟他說：「我覺得你很像仙女的渡船吔，美麗的女子上了你的船，在你的船上療傷、休養，然後到岸離開。」此刻我想起宜蘭烏石港的載客遊艇。

他說：「我也不想這樣啊！搞不懂為什麼同樣的結果一直發生。」

我說：「因為你找的對象不對啊，那些貌若天仙的女子從小被禮遇，個性像

174

王學昱 12/4 2016   6/6 202

公主。這個世界只有兩種人可以娶公主回家，一種是國王，另一種是王子。像我們這種普通人，供養不起公主。公主會跟我們談戀愛，但不會嫁給我們。」

我接著說：「你花了二十二年的時間，度了十二個美麗女子，功德和福德俱足，可以度自己了，設法找個合適的對象上岸。」

水煮魚、耙碗豆燴時蔬和汗蒸回鍋肉上桌，他專心夾菜，沒說話。

他問：「那你覺得什麼樣的女子適合我？」

我問他：「不漂亮不行嗎？」

他說：「不漂亮，我無法原諒自己。」

我說：「那資深一點的，可以吧？大約三十五、三十六歲，那種經過人生，受過傷的，比較願意放下身段，跟你一起真實生活。你接下來應該跟這樣的對象約會，比較容易修成正果。」

最後我們吃了杏仁豆腐、杏汁木瓜和豆沙鍋餅，結束這頓晚餐。

我們活在世界上，匹配很重要。在情場和婚姻，這叫做「門當戶對」；在職場，這叫做「才祿相配」。

我們都可以開口要一份高薪和高階的頭銜，但如果你的才德不配，這份薪水領不久的，通常三個月之內就會被發現，然後捲舖蓋走人。

反過來說，我們找一個人來做事，如果他前一份工作的年薪是八十萬元，我們必須給他八十五萬元或九十萬元以上，他才有可能長久待下來。如果趁著景氣不佳，或他的運勢不好，我們把他的年薪壓到七十萬元，他因為別無選擇，先來報到，等到他的運勢好轉，有更好的機會，他就會飛走。這樣的過程是彼此浪費時間。

人跟人相處，先衡量自己，接下來公平對待，不要有非分之想。不要做仙女的奔月渡船，不要在職場踩梯高攀。

切花易逝 短髮難追

他是金融新貴，心儀一位短髮俏麗的年輕女子，不知如何告白。

今年五月那位女子到新公司報到，擔任管理職。他想送花去祝賀，他問她：

「你喜歡切花？還是盆花？盆花放比較久喔，例如黃色跳舞蘭，可以看一個月。」

女生回答：「切花吧，放三天就好，我不太會照顧花。」

「放三天就好」？光憑這句話，就知道他從未入圍，追不到這位短髮美女。

不過這位女子也沒有讓他斷念，跟他保持朋友關係，有困難時開口請他幫忙，有點像是工具人。

如果這位女子對他有興趣，應該會選擇盆栽的跳舞蘭，每天看，看一個月，時時想起。

王學呈 6120 2020

相對於長髮女子，短髮女子具有三個特質：

1、人數相當稀少。我的髮型設計師鍾建茂說：「每五十個女生之中，大約只有一個人剪短髮，百分比只有二％。」

2、頭小臉小：女生剪短髮必須頭小、臉小、下巴尖，剪起來才好看。頭大臉圓的女生剪短髮，看起來很像櫻桃小丸子的真人版。

3、個性獨立自主：短髮很不好整理。能夠留短髮的女生多半很能打理自己，可以自己過得很好。

傳統對於女生的定義是長髮、化妝品和高跟腳。剪短髮、穿平底鞋的女生通常有別於傳統，比較有主見，乾淨俐落。這樣的女生不好追，用傳統的方法追不到。

根據我的觀察，能夠追到短髮美女的男生，大致有兩種：

第一種是武功很高，罩得住，滿足短髮女生的人生期待和成長需求。

第二種是非常溫順，百般配合，十足的草食男，成就女強男弱的局面。這年頭的姊弟戀不少，有一些就是短髮姊姊配長髮小鮮肉。

如果是介於前兩者中間的普通男，追求短髮美女的失敗率很高。我那位朋友送給短髮美女的切花賀卡，特別找我用小楷提字，我寫了「人如美玉 志若長虹」八個字。用心良苦，結果還是一場空。

其實不只女生，男生如果要剪短髮，五官必須立體，氣質要好，否則看起來像剛出獄的黑道大哥。短髮和白襯衫都很挑人。短髮深似海。

慣犯

他今年三十九歲，在金融業工作，經過朋友介紹，認識一個二十八歲的美麗女子，小學老師，很文靜。他熱烈追求，每個星期見面，約會超過三十次，但那位女子始終沒有變成他的女朋友，一直都是「友達以上，戀人未滿」。他很迷惑，開口問我。

我們約在台北市中山北路的鐵板燒餐廳。週五中午，生意很好，高朋滿座，都是金融業的從業人員，用餐環境和品質很好。

我問他：「約會超過三十次，一直沒追成。為什麼你可以一直堅持，沒有放棄？」

他說：「因為她說我有進步。剛開始追時，她說我是她感情的十三分之一，後來變成八分之一，現在是六分之一。」

王學呈 9/1 2019

我說：「你現在是六分之一，這表示你還有五個對手。這種鬼話你也信？」

他說：「老實說，有時相信，有時也會懷疑。但又不想半途而廢。」

能夠把話說成這樣的美麗女子，就是慣犯，是情場老手，玩男人、玩感情玩很久了，就像鐵板燒的廚師，同時煎好幾條魚，翻來覆去，隨心所欲。小學老師也有久經江湖的，這女生很誇張，跟這男生約會，幾乎都約在熱門的網紅餐廳，甚至有閨密同行，吃飯的時候不斷自拍貼文，但是就是不讓男生入鏡同框，她根本在消費他。

我跟他說：「停損吧，再耗下去，只是浪費時間和金錢，很傷心的。」

他說：「我也曾經放手，但女生會回頭約我，我們又見面，就這樣一直拖著。」

他的眼神很迷惘。我相信，耗到第四十次或第五十次，他終究會收手的。這就是債，上輩子欠她的。

至於那位慣犯，青春非常短暫，美麗不會長久。女人消費男人，表面上燒掉的是男人的錢，其實真正燒掉的是自己的青春。十年的歲月，能夠吃多少高檔牛

184

排?拿多少名牌包?那些不能變現,不會累積。

種下的業,總有一天要還的。我看過一些名媛和名花,晚境淒涼,留下滿屋子的名牌,後來拿去二手店變現,還是入不敷出。這是人世的因果。

房東的叮嚀

房東在台北市中正區有一戶房子要出租。C先生表示要承租，房東問C先生：「您本人要承租嗎？一個人住嗎？」C先生回答：「是我本人要承租，大部分時間是一個人住。」

「大部分時間是一個人住。」這句話聽起來別有意味。

看房的前一天晚上，C先生告知房東：「明天有一位女性友人跟我一起看房。」

隔天中午，C先生帶一位清秀白皙、紮著馬尾辮的L小姐出現。看房的過程，都是L小姐在發問，例如浴室的梳化燈光不夠亮、陽台的曬衣架怎麼操作等等。

看完房子，房東問L小姐：「是您一個人要住，是嗎？」L小姐點點頭。

王學呈 7/12 2020

後來L小姐去化妝室。房東問C先生：「您幫她找房，您在追她？」C先生笑而不答。

房東接著問：「追多久了？」C先生答：「十個多月。」

房東問：「追十個月還追不到，問題出在哪裡？」C先生答不出來。

房東叮嚀：「三十歲以前的男生追不到女生，可能是長相不夠；三十歲以後的男生追不到女生，可能是荷包不厚。您是哪一種？」

C先生說：「那我就只能好好努力了。」

L小姐從化妝室出來，正是吃午飯的時間，房東請他們兩人吃韓國菜，順便談一下租金。

進餐廳剛坐下來，C先生從公事包裡拿出一罐自製辣椒醬和一袋手工奶茶包，雙手奉送給房東，禮數很足，L小姐順勢表達，希望房東照顧年輕人，房租給一點優惠。

房東看他們儀容端莊，談吐得體，很爽快把房租按照區域行情打了八五折，雙方很快就簽約了。

外出工作的年輕人租房，如果是跟房東直接洽商，這種洽商，很像是另一種面試。房客勘查房子、面試房東，房東也在面試房客。

很多房東是長輩，像房客的父執輩，跟房東面談，儀容端莊，適度送一點見面禮，再順勢要求降租，房租可能可以打九折，甚至八五折，一年省下來，可能就是一個月的年終獎金。

房東也應該認知，房價上漲和房租收得到，相當程度是全民努力的經濟成果。找到好的房客，可以好好幫你照顧房子，所以房租應該打折回饋。這樣的福德才會長久。

至於C先生和L小姐的故事，可能很漫長。清秀白皙、懂音樂又有才藝的女子，本來就很難追。男人挑上這樣的女子，自己要覺悟。

阿勒勃 屏東
王學呈 5/3 2010

4 女人的愛情

情場和職場一樣，都沒有天長地久這件事。

不管好日子或壞日子，我們都要開心過日子。

在所有成功和失敗的歲月裡，

依然有清風明月，永遠有歡笑和淚水。

房租與青春

她是我的前部屬,很漂亮的輕熟女,喜歡拿麥克風上鏡頭。她交了一個男朋友,交了一年多,剛開始交往時,兩個人一起去美國東岸旅行,回台灣之後住在一起,男生的房子。現在她發覺這個男生不適合她,是媽寶,花每一筆錢都要媽媽同意,她不想活在婆婆的陰影下,打算分手。她問我的建議。

我跟她說:「如果確定不能幸福,就斷然分手,收拾東西,搬離那個房子,永遠不要再連絡。」

她說:「分手是確定的,但不住在那裡,可以省一筆房租,那個房子的地點不錯,在台大附近,上班很近,坐捷運只要兩站。如果自己付房租,每個月的錢可能就不夠用了。」

我說:「那你就省一點啊,不要買那麼多衣服和保養品,要量入為出。你怎

木棉　羅斯福路　王學呈 3/24 2019

麼可能跟一個男生分手，又住在他的屋簷下，那不是不清不楚嗎？」

她沒說話。

我再補一句：「請問，房租與青春，哪一個比較珍貴？再耗下去，你很就三十五歲了。錢再賺就有，租房子租遠一點沒關係，多花一點時間通勤。女生沒有多少青春可以耗。」

遲疑了一陣子。後來，她終究搬離那個男生的住所，但是又拖了半年。這種時下這樣的女生很多，很漂亮，但是沒智慧。他們沒想過，在消費男人的同時，燒掉的是自己的青春歲月，划不來的。女人的青春像台大校園的花季，非常短暫。

類似的案例，我看過很多，我們在短線利益和長線幸福之間徘徊掙扎。例如很多年輕人明明知道公司不再成長，沒有前途，但遲遲不敢離職，只因為「已經習慣這裡了」，或「主管待人好好喔」，就這樣一直耗下去，三年、五年，甚至七年加不了薪，升不了官。等到想出走時，已經過了四十歲，外面已經沒機會

了。

現代的人，非常聰明，但缺乏智慧；精於計算，但沒有勝算。每次跟別人討論感情和職場的問題之後，我常常問自己，面對短線和長線的拔河時，應該如何抉擇。聰明的頭腦，但糊塗的心，是我們最大的業障。

劈腿的專業

週六下午，我把車停在士林紙廠旁邊的空地。我以前當記者的時候，曾經跑過士林紙廠的新聞，特別喜歡這個紅磚廠房。

我往文林路的方向走，看到 L 小姐跟一個男生手牽手散步。她也看到我，我們點頭微笑，沒有交談，我不想打擾她。L 小姐是我以前在東森新聞雲的同事，長得漂亮，很有異性緣。

我找一家咖啡店坐下，寫一份企劃案，不知不覺寫到天黑，決定去吃晚飯。

我走到士林捷運站附近，又看到 L 小姐坐在火鍋店裡，跟另一個男生吃火鍋。這小姐同一天在同一個區域，跟兩個男生約會。這是很不專業的劈腿，完全沒有防火牆的觀念，遲早要出事的。

戀愛最好不要劈腿。如果要劈腿，必須有三個原則：

士林紙廠　王學呈 2/9 2020

第一是管區。我以前跟過一個老闆，在台北市有四個情婦約

會，地區完全不同，一個在東區，一個在南區，一個在西區，一個在北區，涇渭

分明，絕對不會碰在一起。

業務有管區，記者有路線，這樣才不會發生衝突。劈腿也要有管區，同一天

跟不同的人約會，一定要劃分安全的區域。

第二是時區。前一個約會對象跟後一個約會對象，至少要相隔一個小時。

如果時間排得太近，萬一前一個Delay，後一個提前到現場，如果是在同一個區

域，就可能人贓俱獲，當場死翹翹。

第三是站區。現在的年輕人坐捷運約會，在捷運站相互等候，前一個約會和

後一個約見地點至少要相距兩個捷運站。

我帶過一個男生部屬，同時交兩個女朋友，有一天先跟A女約會，在行天宮

198

站把Ａ女送走，中間隔一個小時，接下來跟Ｂ女約會，也在行天宮站。

沒想到Ａ女沒有離開，在附近逛藥妝店，逛了一個多小時，從藥妝店出來就看那個男生跟Ｂ女走在一起，逮個正著，接下來很難收拾。

如果這個男生在行天宮站把Ａ女送走，跟Ｂ女約在忠孝新生站，可能就不會出事。因為這兩站相距超過一千公尺，女生逛街散步，通常不會走這麼長的距離。

結過婚的男人

我陪客戶去台南喬事情。我們搭乘上午七點三十一分的高鐵。客戶的代表是一位女經理，輕熟女。這是年約客戶，所以我們有點熟。

過了新竹，她開口問我：「社長，請問，您覺得結過婚的男人怎麼樣？」

我回她：「結過婚的男人？意思是，那種結婚，然後離婚，現在單身的男人，是嗎？」

她說：「嗯，對。」

我直接問她：「有這種男人在追求你，是嗎？」

她說：「我現在有兩個約會對象，都是四十歲左右，一個結過婚，另一個一直單身，想聽您的意見。」

依照她說話的關鍵字排序，我猜她應該比較喜歡那個結過婚的。

王學呈 4月3日2016年   1/24

站在業務的角度，結過婚的男人可能比一直單身的男人好，因為曾經成交過，有市場接受度，比較通俗。到了四十歲還一直單身的男人，可能個性不適合婚姻，或者根本不想要婚姻。

更何況，有些人離婚是被迫的，例如被外遇，或者家庭財務問題。所以離婚不應該變成兩性市場的減分項目，應該被當成中性的人生經歷。

不過年輕女子跟結過婚的男人交往，必須考慮兩件事。第一是健康，老男人可能有體力和慢性病的隱憂，必須先盤清楚。

第二是財務，離婚男人可能因為付了贍養費和子女教育費，變得一窮二白，甚至負債。負債的男人不能碰，因為賺錢很難，還債更難。

離婚是人生挫折。經過挫折的男人，有些特別溫柔，格外務實，懂得人情冷暖，這是優點。

職場也是如此。通常我面試新人或挑選幹部，會找那種曾經成功、也經歷失敗的人，因為面對挫折、處理失敗是很重要的經歷和能力。一帆風順的人不能擔任中高階主管，因為他可能因為挫折而一蹶不振，拖累整個團隊。

202

最理想的幹部人選是那種成功七次、失敗三次的人，有穩定的勝率，也有足夠的堅忍。這樣的人容易在長線的競賽中脫穎而出，就算失敗，也能夠東山再起。

那天在台南，我抽空轉到林鳳營車站看看。一直很喜歡這種日式的木造車站，廡殿頂構造，站內的長條木椅，站外扶疏雅致的黃椰子樹，讓人想起美好的童年。

前夫

她的前夫前兩年迷上磯釣，每逢假日就到海邊釣魚。最常去東北角，甚至跑到宜蘭，一釣就是一天，有時下午出門，釣到天亮才回家。前夫開的車是BMW X5，車上都是魚腥味。

為了車上的魚腥味和徹夜不歸，兩個人吵架，去年簽字離婚。釣魚只是導火線，真正的遠因是兩個人個性都強，魔羯女和天蠍男的對抗。

她是文青美女，前夫是會賺錢的生意人。她現在的男朋友是百般配合的普通上班族，生活樸實。她不免拿現在的男朋友的缺點和前夫的優點比，心情像大海的浪花，始終定不下來。

這叫做「前夫情結」，我們都有前夫情結。《蘋果日報》的同事常常跟我回憶二○○六年的盛況；有些《商業周刊》的同事還在懷念二○○八年的年收入；

東北角 王學呈 5/24 202

在宏達電工作的朋友動不動就說「當年我們公司的股價在一千元以上」。還有國民黨的同志遙想公元二〇〇〇年之前的政黨優勢。

人生最怕被過去困住，經營事業最忌諱走不出前朝思維。現在經營媒體事業必須克服兩個天險，一個是自有流量（不是臉書導流過來的），另一個是付費閱讀，在這兩個基礎之上，才可以享有較高的廣告價格和轉換率，進而產生稅後純益。

流量經濟是前夫。《蘋果日報》發現流量經濟不可為，二〇一九年貿然轉為全面會員制，導致現金流的缺口。現在市場上還有不少即時新聞平台緊抱流量經濟。《蘋果日報》固然走得辛苦，但那些固守前夫的新聞平台，何年何月可以產生盈餘？這是媒體產業的共同難題。

職場也是如此。我們因為情勢改變而換工作，但心情還停格在前一份工作，或前兩份工作，怨天尤人，心情如果無法落地，眼前的工作不可能做好；有些年輕的朋友走不出情傷或婚變，一直快樂不起來，無法產生新的戀情。

人的記憶有選擇性，濾掉不好的，只留下好的，於是過去好像變得比現在美

好，就像那位文青美女，坐在現任男朋友的二手國產車上，有時不免想起前夫的

BMW，忘記車上的魚腥味和前夫的自私性格。

關於前夫和昨日，我最感動的是導演楚原說的金玉良言：「任何人無論昨日

多風光、多失意，明日天亮的時候，一樣要起床，一樣要像一個人繼續生活下

去。明天總比昨天好，這就是人生！」

人被騙沒關係　錢平安就好

她是新竹市政府的公務員，前夫是竹科工程師，離婚的時候給她一筆贍養費，兩個小孩都跟爸爸。她一個人住在老公給她的電梯華廈，生活還算寬裕。

中年失婚，日子很長，總有寂寞的時候，於是她透過交友網站交了一個男朋友，年紀比她小，很體貼。她也很投入，為了這場愛情，她特別去整型。

交往半年之後，男生說要創業，開口跟她借三百萬元。對她而言，三百萬不是小數目，但她又怕不借，可能失去這個愛情，畢竟五十幾歲了，要找一個合得來的伴不容易。她很猶豫。

她是我政大的學妹，剛好我以前跑電子股新聞時，跟她老公往來，彼此還算有點交情。

她打電話問我：「如果男生願意出借據，這個錢可不可以借？」

永香茶行

31

新竹市 王學呈
10/4 2020

我說：「借據沒用，擔保品才有用，例如房地產或上市公司股票，債權有保障才可以借。」

她又問：「如果有保證人呢？」

我說：「你確定保證人有錢嗎？如果有，請保證人出具擔保。」

我直覺這個男生是個騙子，專門找中年失婚或單身的師奶下手。後來女生不拿錢出來，他就跑了，搬離她的房子，不知所終。

男生沒有擔保品，連創業要做什麼生意都說不清楚。果然，這個

我的朋友很傷心，她動真情了。剛好我最近到新竹市採訪，於是我們約了一杯咖啡聊聊。

我跟她說：「人被騙沒關係，錢平安就好。」

她說：「你這人怎麼這樣，完全沒感情，鐵石心腸。」

我說：「你知道這年頭錢有多難賺，你是公務員，一年假設存三十萬元，三百萬要存十年耶。」

我接著說：「這種case我看多了，如果妳借三百萬給他，就是肉包子打狗，

210

有去無回，到最後妳人財兩失。」

以前的人說：「錢被騙沒關係，人平安就好。」但那是小錢，例如出外旅行被坑、搭車碰到金光黨等等，被騙個幾千元或幾萬元。但網路上真的有一些渣男，先跟師奶談半年的戀愛，然後就開口借兩、三百萬元。

我的朋友可能傷心幾個月，我知道幾個月之後她會恢復，日子一樣可以平靜度過。人被騙沒關係，錢平安就好。錢很好用。

跟她告別之後，我一個人在新竹市的舊城區散步，經過中央路的百年街屋，很動人的紅磚建築。這種紅磚建築都有嚴格的對稱和比例，好看但是不好畫。這幅畫，我畫了十二個小時。

211

寂寞高跟鞋

我送鞋去換鞋跟。修鞋師傅跟我說：「這種牛津鞋已經很少人穿了。一個星期修不到一雙。」他接著說：「高跟鞋更慘，一個月修不到一雙。」

我反問他：「現在的女生不穿高跟鞋喔？」

他說：「不穿啊，尤其是那種細跟的，現在只有特種行業才會穿。」

特種行業？意思是酒店、舞廳和理容院？這句話很有畫面，我和師傅都笑出來了。

這一、二十年來，好像很少看到女生穿高跟鞋了，尤其是那種細根的。就算是最重視儀容的金融業，也很少聽到高跟鞋的聲音。大概只有穿晚禮服的場合，才會看到女生穿高跟鞋。

我問師傅：「像我這種綁鞋帶的皮鞋，現在是什麼樣的人在穿？」

修鞋小舖

愛惜資源 疼惜舊愛

各式鞋款

2/23 2020年
9月8日 2013年

修鞋小舖 學呈

他說：「仲介啊，送這種鞋來修的，都是仲介業的。」

寂寞高跟鞋，老派牛津鞋，現在變成特種行業和仲介業的象徵。我記得我讀國語實小的時候（一九六八～一九七四年），學校的女老師都穿旗袍，搭配高跟鞋，非常典雅的身影。

後來旗袍不見了，但我退伍出社會的時候（一九八六年），高跟鞋還很普遍。到了二〇〇〇年之後，高跟鞋消失了。

現在的年輕男女幾乎都穿便鞋和球鞋，一穿就走，穿壞就丟，不用修，搞得修鞋師傅和修傘師傅的生意愈來愈差。就像網路時代，複製重貼和網搜實在太方便，手作、手寫、手繪和原創的價值降低。

可是優秀的年輕人總會往上爬，有一天位居要津，總不能穿著球鞋進董事會報告，也不能穿便鞋出席晉升或慶功酒會。衣櫃裡總要準備晚禮服和深色西裝，鞋櫃還是要有高跟鞋和牛津鞋。人生總有重要的日子。

最近招募新人，每星期都有好幾次面試。面試完我總會送應徵者到電梯口，故意走在後面，打量應徵者的穿著。「食在茶酒，穿看鞋襪」，鞋襪是品味的深

214

層，也是性格的深處。

穿包鞋的女生，我通常加分，因為她懂得彼此尊重。穿皮鞋綁鞋帶的男生，通常我也會加分，因為這樣的男生通常比較有耐心。

請你把身分證拿出來

他今年四十歲，房地產公司的副總經理。今年台灣房產熱絡，尤其是中南部的物件，因為總價低，成交快，推案非常順暢。

由於推案的需要，他幾乎每個星期都跑高雄，認識一位三十五歲的專案小姐，短髮清秀，兩個人開始約會。女生開著Honda的休旅車，帶著男副總去左營、美濃、旗山等地遊玩，性格灑脫，很有行動力，典型的南部女生。

第二次約會，地點在高雄八五大樓，吃飯看夕陽，有一道菜是明蝦。女生家裡有漁船，從小喜歡吃魚蝦。吃完明蝦，女生去化妝室補妝。女生家補妝回到座位，女生很從容的從錢包裡拿出自己的身分證，翻到背面，遞給男副總，跟他說：「我的配偶欄是空白的，我單身。」男副總被這個動作嚇到，不知道如何回應。

酒灼朗蝦
王學呈 12/6 2020

女生接著說：「請你把身分證拿出來，我想看後面的配偶欄，確定你單身。」

男副總到高雄出差都是兩、三天，要住旅館，身分證不可能不帶在身上。他乖乖的掏出身分證，讓女生查驗。還好他的配偶欄也是空白，他年輕的時候很挑，混到四十歲還沒有成家。

驗過身分證，彼此都單身，這段愛情故事就可以往下走。南部的女生果然直捷了當，敢愛敢恨，怪不得負心的韓國瑜會在高雄市被高票罷免。

驗身分證並非百化有效，因為不是每個人都會去戶政事務所登記，但這不失為簡單有效的方式。用突擊的手法要求看身分證，既查證件，又測謊，光看對方當下的反應，也可以略知一二，掌握大方向。

網路時代，大家自由交友，彼此都來路不明，不像古代有媒人代為徵信；也不像上個世紀，親友介紹男女朋友，有人背書。

所以我建議單身男女交友，如果打算認真投入，藉機驗身分證真的可以考慮。尤其這個年代大家都晚婚，三十歲的女生去交往三十五歲或四十歲的熟男，

218

最好確定一下對方是否真的單身？免得莫名其妙變成第三者。

熟男追求輕熟女，最好也驗明正身，免得被仙人跳。現代人善於保養，醫美又發達，很多已婚的女生打扮起來，好像妙齡單身。尤其那些薄有資產的熟男，中了仙人跳，一跳就是台幣幾百萬元，甚至上千萬，代價非常高。

女人的祕密　男人的道義

我跟好友年終聚餐，我們約在台北市羅斯福路的江浙餐廳，外面下著雨，撐傘的行人來來去去，典型的台北冬天。這頓飯都在談他這兩年的生活和感情。談了之後，有一些感觸。分享如下：

1、男人和女人談戀愛，要有個承擔和決定，不要拖對方太久。如果到最後不能在一起，那至少拿一點錢出來給對方，讓她去旅行或遊學，去散散心。給錢很俗氣，但這是男人最起碼的誠意，感謝她的青春。至於應該給多少？完全看個人的能力。

2、戀情結束之後，男人要幫女人保守祕密，包括她的現在和過往、優點和缺點，保持沉默，隻字不提。幫前女友守住所有祕密，是一個男人最基本的江湖

220

台北市羅斯福路 王學呈 5/12 2019

道義。

3、如果有一天她碰到困難，開口請你幫忙，你盡可能出力，例如幫她搞定一份合約，幫她介紹朋友，或者幫她關說一張加護病房的床位。

站在女人的立場，戀愛真的不要談太久，一年可以，兩年也可以，三年真的太長，屆滿三年的戀愛，就應有個決斷，要嘛結婚，要嘛自己過快樂自在的生活。

男人在情場的壽命比較長，女人一生沒有幾個三年的青春。青春是女人最大的資產，也是莫大的風險。當青春遠去，你不再美麗，不再有趣，男人就會離去。

這世界有天長地久的事業，也有天長地久的恩仇，但絕對沒有天長地久的愛情。

反過來說，女人應該好好照顧自己。我有兩個大學同班女同學，很厲害，五十九歲還光彩照人，走在路上還可以吸引男人目光。五十九歲可以這樣，可以

222

想見他們二十歲時有多亮麗，一堆男生追。

他們兩人，有一人離婚很久了，另一位婚姻存續中。由此可見，有沒有婚姻，跟漂不漂亮沒關係。沒有婚姻，只要有伴，一樣可以漂亮到老。

我覺得漂亮到老有四個元素：

1、健康。健康是所有幸福的基礎。

2、快樂。快樂才會漂亮。不快樂，做再多醫美手術都沒用。真正的快樂，看眼神，看嘴角。

3、要有舞台。舞台讓心神有所寄託，而且可以轉移煩惱。

4、要有點錢，適度消費，享受人生。花錢很有存在感。

奇貨可居的男人

她三十歲出頭，剛離婚，心情很差，跑來找我聊天。我們曾經是同事，合作過幾個專案，有點交情，我請她吃飯，約在台北市內湖的餐廳。

漂亮女生幾乎都有遲到的習慣。我早有心理準備，拿出素描鉛筆和畫本，畫陽剛的軍用卡車，一邊畫一邊等。

接近中午一點她才出現，穿著俐落的黑色皮夾克和牛仔褲。我們從她離婚的原因開始談起，過程很平靜，這女生很殺，能放能收。過往成灰，未來才是重點。我問她：「你還年輕，接下來，應該還會再找一個對象吧？」

她說：「那當然。」

我問：「還會結婚嗎？」

她說：「那要看對象。」

這話有意思。我問她：「你想找什麼樣的對象？」

她說：「如果以年齡來定義，我打算找四十歲左右或六十歲的男人。」

我說：「請問，為什麼是四十歲？不是三十五歲或五十歲？」

她回：「四十歲剛剛好，有經濟成果和人生歷練，體力也還可以，我們可以生小孩，把小孩養大。三十五歲的男生還不穩，我的前夫就是三十五歲。五十歲，太老了。」

我問：「那六十歲不是更老？你幹嘛要六十歲的男人？」

她笑著說：「那不一樣。六十幾歲男人的優點就是夠老，有更多資產，但是身體不太好，我只要陪他去醫院，叮嚀他定時吃藥就好，他根本不會來折騰我。可能再過十來年，他就走了，我有很多遺產，CP值（成本效益比）超高。六十幾歲的男人，奇貨可居。」

奇貨可居？果然是文學院畢業的行銷企劃，可以說出這個成語。現在很多年輕人不會用成語。

如果用股票和財務的語言來說，四十歲男人是殖利率股，損益表漂亮，現金

226

股息多，定期配息；六十幾歲的男人是資產股，只要壽終正寢，就有很高的資產重估和資產處分收益。真正的高手，都是收購資產股。

那位美麗的前同事，現在單身了，海闊天空。我期待她找一個四十歲，殷實可靠的男人。至於六十幾歲的男人，真的不要吧？我覺得那不是奇貨可居，那簡直是謀財害命。

菁桐老街 王學呈 5/19 2019

5

富慧人生

想要富裕又有智慧，必須做三件事：

第一、行善積德，這樣才有好的磁場。

第二、讀書寫字，這樣才有智慧。

第三、勤勉正直，天道酬勤，這樣才有正向循環。

主菜哲學

我到台北市潮州街吃日本料理，坐在吧台，先點一道生魚片，這是主菜，接下來點一份豆皮壽司，再點一份蛤蜊湯，再配上玉子燒。這樣的點餐很幸福。如果隔壁剛好坐一個正妹，賞心悅目，這就是完美的晚餐。

吃飯的「主菜哲學」是賀鳴珩（中華民國證券商業同業公會理事長）教我的。有一次我和他吃飯，他說：「吃飯要先點主菜，有了主菜再點配菜，主菜決定配菜，這樣吃飯才有邏輯。」

舉例來說，如果主菜是牛排或龍蝦，紅肉和海鮮的口感不一樣，接下來的配菜和湯品絕對不同，飲料和點心的口味也有不同的配法。

有些年輕人進了餐廳，點餐先看飲料，或者先決定甜點，這都是本末倒置。連吃飯、穿衣都分不清楚重點，做起事來可能也是拖三落四，經常有閃失。

生魚片 王學呈 4/5 20

以前有一位同事，吃飯常常先點附餐，主菜猶豫不決，頭腦不是很清楚。有一次帶他去提案，客戶的總座和副總都入座了，他打開簡報的PPT，報告到最後一頁的報價單，天啊！竟然是舊的檔案，規劃是新的，但是報價是舊的，足足少了四十萬元，我們只好硬著頭皮接案。

我以前的老闆黎智英教我，做事要有focus（焦點），一次只有一個焦點，把焦點做到最極致，那就是勝負的關鍵。

舉例來說，報社的總編輯就是把每天的頭版頭條做好；雜誌總編輯把封面故事做好，其餘的事交給副總編輯或各版主編去負責。

如果總編輯試圖去盯每一頁的稿子，備多而力分，到最後連封面故事都做不好。

公司的總經理顧好前二十名的客戶，前二十名客戶大約占公司六十％以上的營收，其餘的事交給副總經理和協理、經理去做。

人生每隔三、四年就會進入不同的階段，每個階段都有不一樣的主菜。例如三十歲以前存錢，三十歲以後理財，用錢去賺錢。

或者三十歲以前談戀愛，三十歲以後找對象結婚；三十歲以前多嘗試幾份工作，三十歲以後找到自己的天命，全力以赴。

這種優先順序的做事原則，就從吃飯點餐開始練習吧。

不要山盟海誓 只要平實做事

二十年前我在鉅亨網工作，那是台灣ICP（網路內容供應商）的1.0版。那時我們氣吞萬里，以為自己可以塑造一個新的媒體典範。沒想到事隔一年半，錢就燒完了，開始裁員減薪，好像世界末日。創業之初的誓言，禁不起市場的考驗，變成空言。

同期間的《明日報》結束了，不過鉅亨網卻出人意料的活到今天，品牌和平台存在，只是股東和員工換了好幾批。

後來我悟出一個道理：你只要能在一個領域裡排名第一，有足夠的本夢比，永遠有人會拿錢出來投資你。《明日報》結束，因為它不是第一；鉅亨網存活，因為鉅亨網是網路財經的第一品牌。

同理可以引伸到個人，你只要能夠在一條新聞路線、一個業務管區或一個產

江之島 海濱 王學呈 1/19 2020

業裡混到第一名，沒有人超越你，那就永遠有人找你做事，不怕沒有舞台。

話說回來，因為你是業界第一名而取得機會，帶領團隊。經營企業不需要太多山盟海誓，這年頭市場變化太快，老闆們和高階主管跟所有人一樣，都在浪濤裡載浮載沉，諾言有時只是比較有誠意的謊言。

企業的成功需要一個配方，貼近市場主旋律，讓公司成為這個產業的第一名。而配方的徹底執行，要的不是山盟海誓，而是平實做事，把每一天和每一個細節都執行徹底的覺悟。

以佛家和老莊的智慧，這是一種「忘」的境界，忘言而無智，專注於當下的清淨心。

去年秋天我在日本鎌倉旅行，登上長谷寺的觀景台，眺望遠山和江之島海濱，身旁有好幾對異國年輕情侶，英語的山盟（I was born to love you），日語的海誓（永遠にあなたを愛しています），愛你一生一世，真是鬼話連篇。年輕的時候有情，年長之後有義，有情有義才可能長久生活在一起。

滾滾紅塵，承諾偶一為之，用以提振士氣，但解決問題、開創新局的真正核

236

心是承擔。大德無聲，大愛無言。快速變動的年代，更需要低調堅忍的精神。

歲月驚心

二〇一九年十一月上旬，我坐在日本鎌倉大佛附近的街旁喝咖啡。那是風和日麗的上午，對面有一家冰淇淋店，一群小學生買了冰淇淋，興高采烈地吃著。到現在我還記得這個愉悅的畫面。一個冰淇淋可以快樂一整個上午。

回到台灣之後，就投入選戰和年節的業務旺季，從早忙到晚，假日也應接不暇，心情是緊張的。但我知道，過了這個大選，進入春節後的淡季，我會懷念業務旺季的緊張和忙碌。

邁入五十九歲，耳順之年就在眼前，我慢慢知道，歲月如此驚心，好日子和壞日子總是過了才知道。

以前年輕的時候做股票，股票漲的時候不知道要逢高逐步向上出脫，總是期待更高的價格，希望完全賣在最高點。直到股市反轉，向下跌破月線或頸線時，

238

南投民和國小 王學呈 5/26 2019

才知道頭部已經完成，高點早就過去了。股價的高點，永遠過了才知道，適度分批向上出脫，落袋為安才是王道。

在職場和商場的晦暗時刻，孤獨無依，當時覺得是世界末日。可是事情總是一個週末之後就出現轉機，例如本來以為沒機會的案子成交了，很膠著的活動圓滿結束，甚至帶來下一筆訂單。

好日子總有終點，壞日子也有盡頭。在好日子和壞日子永遠不斷交替，我們能夠做的，就是珍惜現在，努力當下。對將來，多一些想像。為過去的努力，留一點想念。

二〇一九年五月，我到南投縣出差，中途到水里鄉民和國小採訪。日月光集團出資為民和國小教室換裝LED日光燈。這是一個超級小學，全校學生只有三十人，有六成是布農族。偏鄉物資缺乏，學校沒有預算換裝LED日光燈，因而需要企業贊助。

物資匱乏的小朋友反而純真，深邃的眼眸，靦腆的笑容，讓我想起年輕時的純真和無畏。我念大學時是登山隊，寒暑假常常進出高山部落，攻玉山群峰和八

通關，就是從水里入山。我對水里有一份特殊的感情。那天的採訪是回憶之旅，

也是心靈之旅。內心廻盪，特別畫下一群小朋友的笑容，記錄那個美好的出差。

小日子成就大日子

二〇一九年十一月，我從東京坐火車到鎌倉旅行。鎌倉的市區不大，從北鎌倉車站走到鶴崗八幡宮，再走到長谷寺，一個多小時的路程。中間有一段，我走在江之島鐵道旁的小路，秋陽映照著山巒和白木屋，光影移動，雲朵飛揚。

火車旅行中，最長的是鐵道。鐵道繞過高山，跨越流水，行經每一個大街小巷，那些經過的風景和人群。車站和景點都只是一個點，鐵道是一條長長的線。平凡的鐵道，才是旅行的底韻。

人生的路途也是如此。事業的成功和失敗也都是一個點，平常而誠懇的日子才是一條線。小日子成就大日子。日常的因，形成終局的果。菩薩畏因，眾生畏果。

我們常常專注於一個點，忽略了過程的平靜和美好。例如很多年輕戀人刻意

242

江之島鐵道
王學呈 12/1 2019

營造華麗的婚禮，但華麗的婚禮不等於幸福的婚姻。婚紗拍得美美的又如何？蜜月旅行去歐洲又如何？紅包多收一點比較實在。寧可辦一個平實但有盈餘的婚禮，不要辦一個虧損累累的婚禮。婚禮只是起點，婚姻是漫長的路程，柴米油鹽醬醋茶。

在職場，升官當天，很多人送花。但開心可能只有一天，花謝得很快，之後的一年、兩年才是考驗的開始。你必須一點一滴做出績效，才能證明你的價值。如果做得不好，就下台。

生活中平凡的日出和日落，就像鐵道的延伸和起落。我們在生活的歷練和職場的沉浮之中，學會珍惜過程，懂得品讀日常。鐵道有風景，當然也有風沙，這才是旅行的本質。

旅行和生活一樣，行到深處，都是一種寂寞相看的心情。生活和工作的真義，就是耐得住寂寞，默默向前走。

我喜歡鎌倉。鎌倉是多變多貌的城市，像極了人生。鎌倉幕府是日本第一個武士政權，武家輪迴、惡因難結善果的思想起源，並催生「平家物語」和日本禪

244

宗。

鎌倉有一個二百多年的古寺，圓覺寺。圓覺寺有一個山門，山門又名「三門」，空、無相、無願的意思。走過山門，就可以切斷娑婆世界的所有煩惱。平靜的小日子，成就我們的人生。

台積電跌破年線的時候

我和某集團老闆喝咖啡。他問我：「我打算收購某某公司，你覺得如何？」

我說：「這家公司的體質不錯，不過它的產品線和貴集團不太相容，買進來之後可能要磨合一、兩年，才可能產生綜效。」

我提醒他：「現在新冠肺炎的疫情嚴重，要不要先等一下，下半年再談。」

他回我：「可是，也只有現在這個時候才有好價錢，不是嗎？」

果然是老闆，好東西只有在壞的時機才有好價錢。

二○二○年三月中旬，台股跌破十年線，台積電跌破年線，人心惶惶，我出手買了一些台積電，當做長期部位。每股二百六十元以下的台積電，只有股災才會有，不買可惜。過去二十年，台積電只要跌破年線，都是長線買點，屢試不爽。

高雄 旗津 王學呈 4/19 2020

投資股票其實不難。選定績優股，跟多數人反向就對了。大家搶買的時候，你逢高分批賣出。因為市場總買進之後，股價勢必作頭反轉。

股市連番重挫，大家急著賣股票，恐慌之中籌碼慢慢沉澱，你慢慢向下承接，可以買在相對低點，接下來耐心等待另一次激情賣點。

公司找人也是如此。景氣低迷，有些好的業務人才出現在就業市場，人選不少，一切好談。景氣不好，適合招兵買馬，整軍經武。

投資股票和經營事業一樣，不需要太多方法，只需要一種性格。

前一陣子我到高雄出差，順道坐渡輪到旗津吹風看海。下船之後，榕樹下一排三輪車夫在等客人，閒得發慌。我挑了一輛遊街，服務好的不得了，騎車的歐吉桑介紹景點非常詳細，CP值（成本效益比）很高，遊程結束時看到他充滿感謝的眼神，既感動又心疼。

追妹也要看時機。趁她潦倒落寞，這時候特別脆弱，例如失業的正妹，特別好約，也比較容易接近。

所謂的好時機或壞時機，都是相對的。我在大學一年級的時候選修經濟學，

248

當時的老師陳聽安說：「景氣並非絕對，景氣好的時候有人賠錢，景氣差的時候有人賺錢。完全看經營。」

正因為人生須臾變幻，我們更應該抱持樂觀善良的心。我讀《維摩詰經》時，特別喜歡「是身如幻，從顛倒起」這八個字。我們常常在最壞的時機，找到最好的契機；在最得意的時候，種下最深遠的怨仇。

花見

「花見」就是日文的賞花。台灣是多彩的國度。日照充足，雨水豐沛，溫度適中，幾乎每個月都有不同的花開和花語。生在台灣是幸福的。

這些年來，我畫了很多花，每一個季節都畫，有時是鉛筆素描，多數是水彩。在作畫的過程中，感受花開的有常和無常。

春花秋月是有常，只要季節到了，就可以看到陽明山的櫻花、羅斯福路的木棉、土城的油桐花，以及新竹縣橫山鄉的黃花風鈴木等等。但風雨陰晴是無常，一夜風雨就可以打落花朵。近年氣候異常，對的季節不一定有好的花開，例如今年的花序混亂，櫻花、杜鵑花和木棉同時綻放，讓人分不清孟春和暮春。

賞花需要足夠的時間和合適的心情。明明是花季，可能抽不出時間，或者有了時間，沒有心情，被工作和俗務絆住，春寬夢窄。後來我慢慢發現，花見是一

新竹縣橫山鄉 王學呈 4/16

種境界，是因緣聚合。春暖花開配上風和日麗，還要有賞花的時間和心情。如果都能聚合，那就是好的時節，應該好好珍惜。

依照禪宗的思維，花開是一種心境。花開是事實，但美麗的程度依每個人的心情而不同，這如同六祖惠能的「風動，幡動，心動」公案。快樂是很主觀的事，跟多寡無關，也跟深淺無涉。

豐臣秀吉造訪日本茶聖千利休。千利休在小小的茶室的壁龕，僅僅擺放一朵牽牛花，展現侘寂之美，勝過黃金滿室，感動了豐臣秀吉，進而改變大和民族的美學邏輯，從繁複走向極簡。簡單是最極致的繁複。

日本禪學大師松尾芭蕉曾經說過：「宿醉不算什麼係，只要有櫻花。」這位佛門的得意弟子，走遍千山萬水，並以俳句留名。花開是他生活和旅行的印記。

賞花是心情極度放鬆，最像自己的片刻。可以一起吃飯，是朋友；可以一起做事，是同事或戰友；可以一起賞花，那就是知交了。知交很少，就像賞花的因緣聚合，非常稀少。心氣相通，才能夠一起賞花。

賞花是很細膩的事。「陌上花開，可緩緩歸矣。」說這句話的人，是五代十

國時期的吳越王錢鏐，有景有情，一語道盡人生風景的美麗和期待。

賞花是平凡的幸福。我們在季節推移而變換姿態的自然風物中，走進紅塵，跟自己好好相處。「鬢從今日白，花似去年紅。」

在中場之前賺足

清晨的菜市場，陽光照耀的蕃茄和玉米，看起來非常可口。我買了三個蕃茄和兩隻玉米，順便和攤商聊幾句。

這位賣蔬菜和水果的中年男子擺攤二十餘年。他每天上午七點半開始營業，賣到下午一點半左右。他說：「營業的中點線很重要，也就是十點半左右。通常上午十點半左右的營業額，必須能夠回收所有的直接和間接成本，包括租金、進貨成本和貨車油錢，以及我自己的鐘點費等等。中場之前賺足，中場之後都算多賺的。」

在中場之前賺足、在中點之前遙遙領先是很重要的觀念。我高中和大學的時候擅長徑賽，尤其是中長距離賽跑。以五千公尺徑賽為例，四百公尺的跑道要跑十二圈半，槍聲響起的第一圈就必須領先，第二圈和第三圈把距離拉開，第六圈

菜市場的清晨 王學呈 5/31 2020

之後遙遙領先多數人，最後一圈再衝刺，這樣才有可能拿到錦標。

人生也有中線。內政部資料顯示，二〇一八年台灣人平均壽命八十點七歲，從出生到大學畢業，再加研究所，生涯的中線大約是四十五歲。

我年輕的時候常常有前輩告訴我，要認真工作，省吃儉用，專注投資，在四十五歲以前把錢賺足，足夠一生所用，此後從容不迫，隨緣隨喜，四十五歲以後的薪資或投資所得，都是多賺的，一切放輕鬆。跟我說這些話的前輩現在已經超過七十歲了，每一個都活得健康豐裕，很有福氣。

我常常跟業務同仁說，每個月的第一週和第二週就把當月的委刊單簽回來，第三週和第四週好好準備下個月的業績，進入良性循環，就像長跑，腹式呼吸，步履穩健，這樣每個月都可以達標，甚至超達，每個月都可以領獎金，再用獎金去投資股票或房地產，這樣才有可能富裕。

中場之前設法賺多，中場之後都是多賺的。年輕時追求轉速，年長之後有所轉變。

既然是多賺的，就應該多助人，多布施。最好的布施是法布施，塑造一個生

態系或平台，創造就業機會，提高國民所得。

我認識一些老闆，他們中場之後的投資和創業，利他的成分多於利己，心存善念，氣定神閒。正因為如此，反而賺得更多，成為福報，澤及子孫。

有一個好父親不如有一個好兒子

這應該是二○二○年七月最深刻的一天。

七月四日（週六）上午十點，我開車到桃園市八德區，參加桃園市長鄭文燦母親鄭邱碧回的公祭。車子在八德交流道狂塞，好不容易下了交流道，前往公祭的現場，車流非常緩慢，為了避免遲到，我把車子停在稻田旁邊，步行前往現場。

當天豔陽高照，我走了將近二十分鐘，汗流浹背，穿過稻穗低垂的田隴，經過「指玄宮」，明亮橘色的屋瓦，屋脊上有很多龍，華麗多彩，典型的台式廟宇。廟裡祭拜的主神是「孚佑帝君」（呂洞賓），禾香風揚。

到了公祭現場，車水馬龍。我出道三十幾年，這大概是我見過最盛大的公祭，從政界、產業界到媒體，每個單位排隊鞠躬，行禮如儀。

指玄宮 桃園八德 王學呈 8/2 2020

鄭文燦的母親鄭邱碧回生平低調，而今告別式冠蓋雲集、備極哀榮，完全是因為鄭文燦這個前途看好的兒子。

我剛出道跑新聞時，曾經有一位部長級的長輩跟我說：「與其有一個好父親，不如有一個好兒子。」那時候年輕聽不懂，現在完全懂了。

一般人期待有一個好父親，從小吃好穿好，順風順水。可是好父親對子女的照顧可能只到三十歲，最多四十歲，接下來父親可能退休了，失去權力和資源，身體差一點的，可能過世了。

接下來小孩就要靠自己了。前半輩子日子過得太舒服，一旦失去父親的庇蔭，後半輩子可能就辛苦了。所謂的家道中衰，就是這樣來的。

我常常看到有些父母捨不得放手，小孩大學畢業之後，安排小孩進自己的公司，就近照顧，給最大的資源。這樣其實是在害小孩，小孩永遠長不大，後半輩子就難過了。

古人所謂的「易子而教」，這句話充滿智慧，也說明子嗣的重要。

子女成材，父母親愈活愈輕鬆。等到父母親六十歲之後，小孩完全自立，成

260

家立業，完全不用父母操心。哪一天父母親走了，至少有個像樣的告別式，子孝孫賢來送終。

人生在世，希望上半輩子認真一點，下半輩子瀟灑一點；千萬不要早年榮華富貴，晚年翻箱倒櫃。

那天的公祭結束，我順著原路，走回去開我的車，日正當中，天氣更熱了。

我永遠記得指玄宮的橘色屋瓦和阡陌稻田。

百分之十的餘韻

八月二十一日中午，我在花蓮市的璞石咖啡廳作畫，隔壁桌坐了五位台北來的遊客，一直在討論台積電的股價和技術線型，滔滔不絕。他們期待台積電股價再漲一、兩根停板，然後再賣出。

我心裡想，為什麼大老遠從台北跑來花蓮討論台積電？要討論台股，留在台北就好，不要辜負花蓮的好山好水。

我手上曾經也有台積電，今年三月中旬買的，今年八月上旬出清。以股市的資金浪潮來看，我知道台積電可能還會再漲，甚至可能漲到每股五百元（沒想到後來漲到六百元以上，世事難料），但我寧可在四百二十元以上分批出場，留十％到十五％的空間給別人，祝福大家都賺錢。

我二十幾歲的時候開戶買股票，有位股市大戶教我：「如果你想買在最低

豐年祭 花蓮
王學呈 8/30 2020

點，你就會買不到；如果你想賣在最高點，你就會賣不掉，到最後套牢，賺錢變賠錢。預留下檔和上檔十％的空間，你一定可以進得了，並且出得掉。」這話我一直謹記在心。

用文學的語言來說，這十％的空間叫「餘韻」。寫文章要留餘韻，讓讀者意猶未盡；畫圖要留白，讓視覺有所停泊；做人要留餘地，不要趕盡殺絕；作股票要留空間，人取我取，人棄我取；作生意要給往來對象留利潤，一去百回。

套用佛家的智慧，勢不可用滿，福不可享盡，物極必反，盛極必衰。

台股的每一次萬點行情我都經歷過，而且很幸運地全身而退。不管是民國七〇年代的資產股泡沫，八〇年代的電子股狂潮，一直到最近這一波資金行情，當年的持股，我賣掉之後又漲了一波，但知足常樂，不要想賺飽賺滿。正因為適時出場，每一次的崩盤我都逃掉，沒有受傷。

那天我離開咖啡廳時，那五個台北客還在討論台積電，真是忘我啊！當天晚上我參加花蓮縣的豐年祭，我刻意席地坐在表演團體進場的入口附近，近距離觀察原住民少女的服飾和儀態，以及充滿活力的肢體語言。

旅行也要留餘韻，行程不要排滿，位置不要被框住，預留自由走動的時間和空間。管理要留餘力，好的領導者從來不忙，從容不迫，隨時準備補位並處理危機。

寫信給十年後的自己

週二上午，我去拜會一位首長。我們是政大法律系的同班同學，同一個時期在美國留學，都在東岸，我在華府，她在賓州。

約見的時間是上午十點，我有早到的習慣，九點就把車停她的辦公室附近，喝一杯手沖咖啡，然後在南昌路的巷弄裡閒逛，享受秋天，看著陽光灑在載貨的機車上，拉出長長的影子。

那天的拜會其實就是閒聊。我們到政大入學同班，那是四十年前；我們在美國留學，大約是三十年前；她在公部門嶄露頭角，我在媒體開始擔任管理職，那是二十年前；我們有一次微風廣場巧遇，那是十年前，那時候她是主任秘書，我是總經理。我們總是遙遙相望，久久連絡一次，知道對方在幹嘛。

四十年前還是大型電腦的時代，之後個人電腦普及，接下來是有線網路，再

台北市南昌路
王學呈 9/13 202

下來是無線網路和智慧手機，現在還有DI（數據工程）和AI（人工智慧）。

很多人以為這個世界變快了。其實不是，那只是資訊傳輸和演算的速度變快，人性的歷練和節奏還是跟以前一樣，大約十年一個坎。學習曲線無可替代。

我們對部屬的觀察和考核，還是以年為單位；我們的日子，還是以四季和二十四個節氣為基準，沒有脫離農民曆的範疇。

培養一個優秀的記者，從入行教他寫導言，起承轉合，把重要的人脈交給他，一直到他可以寫大稿，影響時局，至少需要十年。

栽培一個中高階主管，從挑選、訓練到完成歷練，並能夠帶領一個部門，可能也要十年。

一個公司或平台的商模，一個經營團隊的磨合，從開始到江山穩固，擁有穩定的獲利，可能需要五年到十年。

網路時代當然可能暴起，但也可能暴落，看看那些朝生而暮死的網紅就知道。

我們當然可以快速拉拔一個人，但這可能是揠苗助長，愛之適足以害之。真

268

正有智慧、有實力的經營者，寧可用比較長的時間，扎下穩固的基礎。

我認識幾個企業老闆，他們都有一個共同習慣，就是在人生的整數關卡，例如三十歲或四十歲，寫一封信給十年後的自己，內容包括對未來的期待，以及對現在的認知和沉思。

信寫好之後，封起來，存在銀行的保險櫃裡。十年之後打開信，面對十年前的自己，那些初心和夢想，對照現實的所有波濤和結果，那些想得到或想不到的際遇。

十年一覺揚州夢，這就是人生。

269

欲望變小 幸福就變大

那是個陽光燦爛的下午，我到新竹縣新埔鎮看農家曬柿子，柿子象徵吉祥和豐饒。每年秋天，我都期待看到紅橙橙的柿子。從軟柿吃到硬柿，甚至筆柿，伴隨著美好的秋光。

日本小說家三島由紀夫曾經到奈良取材，柿子是奈良的特產，每逢深秋，紅柿高掛在古剎的白牆上。三島由紀夫在他第一部小說《春雪》中寫道：「房檐下成串的乾柿子仍然潤澤的落日似的顏色。」

奈良也是我喜愛的城市，我曾經造訪奈良四次，看佛像兼寫生。二○二○年因為新冠肺炎疫情影響，我無法登機出國，奈良很遠，不過新竹縣的柿子很近，從台北市開車南下，一個小時就到新埔鎮，紅紅的柿子訴說著生活的平安和美好。

室庭輝　戶耀　　紅柿新埔
學呈 10/25 2020

所有事情都是相對的。景氣順遂的時候，我們追求比較高的收入、比較遠的行程，以及比較大的幸福；景氣不振的時候，我們企求平穩的收入、在地的行程，以及適度對稱的幸福。

禪宗講求「境隨心轉，相由心生」。當欲望變小，幸福就變大。簡單質樸，細水長流才是生活的真義。

新冠疫情是環境對我們的反撲。二〇二〇年，大家都活得辛苦。努力控制成本，人員適度換血，多方試探市場需求，才有可能度過難關。

這一年，風傳媒集團的業務人員換掉三分之一，幾乎每個月都有人離開，那真是艱難的過程。但換血之後，人員效率提高，靈活調整進攻隊形，二〇二〇年的業績比前一年成長十六％，並為將來的成長扎下穩固的基礎。

目前看來，二〇二一年疫情還在，全球斷鏈、產銷區域化、市場行情劇烈波動、產業週期縮短，都是我們必須面對的現實。疫情之前的商模不再適用，疫情將催生新的商模和組織結構。危機和轉機經常在同一個時間出現，敬天勤勉的人看到轉機，墨守成規的人在危機中沒頂。

不管順不順遂，日子總要開心過。把欲望縮小，珍惜生活。疫清只針對人類，無礙春花和秋柿。這些季節變幻之美，支撐著我們，簡單而平靜地邁向未知的旅程。

微旅行

那天下午三點，我到新北市土城拜訪一個客戶，討論專案。過程還算順利，四點半多一點，客戶就放我走了。車子開出來，剛好是省道台三線，我直覺往南走，朝大溪、龍潭的方向移動，兜兜風，看看稻田和山景，沈澱一下剛才談話的內容。

受到新冠肺炎的影響，今年沒有出國的大旅行；因為疫情打亂市場節奏，也沒有國內的輕旅行，只剩下這種洽公之餘的幾個小時旅程，姑且稱之「微旅行」。

我曾在今年三月請休一天，原本打算一日遊。或許是莫非定律，休假那天電話和訊息特別多，有的是客戶高層打來的，來號顯示，不接不行，車子停在台二線海邊認真回話，因為客戶高層拜託，必須馬上處理，來回穿梭處理之後，太陽

台三線 新竹 横山 王學呈 7/26 2020

快要下山了。

之後我覺悟了。二〇二〇年就豁出去了，反正請假和不請假，好像沒什麼差別。這是集體焦慮、動盪不安的一年。

那天在台三線的微旅行也不平靜。車子過了大溪，手機響，來號顯示是某公司的董事長，我用免持聽筒的方式接聽，他跟我講了三分五十四秒，目的就是要《風傳媒》幫他上一條免費廣編稿。董事長打電話給社長，只是要拗一條免費的廣編稿，由此可知今年烽火連天的市況。

今年是微利年代。二〇〇九年我在《商業周刊》由編務轉業務，那時的專案毛利率經常超過八十％，之後一年不如一年。到了二〇二〇年，疫情瓦解民間商模，多數的訂單變成短單和小單，業者走一步算一步，執行項目機動調整，合約的甲方和乙方都要維持很高的彈性和誠意。

微時代是實力和耐力的長久考驗，智商（IQ）和情商（EQ）必須兼顧。逆境若能成長，就是下一個階段的贏家。

那天我接完電話，持續向南奔馳，夕陽緩慢西沉。到了新竹縣橫山鄉，黃金

暮色掛在道路盡頭，展現內山公路的多彩媚力，成為當天行程的美好句點。

商場就像股市，總是在極度悲觀和絕對樂觀之後，出現轉折，進入新的次元和循環。煩惱產生智慧，反過來說，榮景的背後可能就是幻滅。誠如憨山大師的名言：「荊棘叢中下足易，月明簾下轉身難。」

今天我是你的財神爺

週四到台東知本國家森林遊樂區拍片。運氣很好，多雲的天氣，光線充足而溫和，完全不用補光。園區內的山芙蓉盛開，明媚動人。

我和來賓的狀況都好，沒有吃螺絲，也沒NG，訪談原本預計拍攝兩個小時，結果五十分鐘就搞定。平白多出七十分鐘，在搭機返回台北之前，我決定到台東市區逛逛。

黃昏的台東市區有點慵懶，我吃了一盤林記臭豆腐，接著到鐵花村走走。可能時間還早，營業的攤位不多，有一個賣木質鋼筆、自動鉛筆和牛皮筆套的攤位引起我的注意，攤主是個年經男生，文青氣質。

我拿起一枝鋼筆，作工細緻，問了價錢，一枝一千三百元。我放下鋼筆，拿起一個筆套，問價錢，六百元。

278

山芙蓉 知本森林
王學呈 12/13 2020

我應該是他今天第一個客人，他詳細解說鋼筆和筆套的材質和作工，我沒吭聲。他看我沒反應，緊接著介紹一個比較簡單的筆套，三百元，還有繪圖用的自動鉛筆，一枝一千元。我還是沒回應，他有點緊張，講得更多，深怕我不買。

看他一直講，我回他：「放心啦！我一定會買啦，我會幫你開市。」聽到這句話，他笑了。

到最後，我挑了兩個筆套，一枝繪圖用的自動鉛筆。鋼筆我真的不需要，我的鋼筆跟毛筆一樣多。繪圖的自動鉛筆可能用得著。

我問他：「就這樣，多少？」他說：「一共一千六百元，算您一千五。」還不錯，優惠我一百元。我知道我如果殺到一千二百元，他還是會賣我。但我不會殺價，我讓他圓滿開市，這一千五百元夠他付今天的攤位租金和便當錢，接下來的每筆成交都是賺的。

我拿一千五百元給他，跟他說：「我幫你開市，今天，我是你的財神爺。開市愈早愈好，祝你今天財源滾滾，大發利市。」

我年輕的時候也擺過攤，深知開市的重要。當年受到很多阿姨、伯伯的照

280

顧，擺攤都賺錢。

現在回過頭來，如果可以，我很樂意幫別人開市。我每天早上跑步運動，運動完去逛菜市場，常常幫別人開市，尤其是那種帶小孩的年輕夫婦，賣草莓的、賣櫻桃，我通常挑最貴的買，讓他們一天都好運。

錢財聚散無常。做生意，真的靠大家照顧。而好運如何能夠不斷？我認為好的生意人應該做三件事：

第一、行善積德。這樣才有好的磁場。第二、讀書寫字，這樣才有智慧。第三、勤勉正直，天道酬勤，這樣才有正向循環。

武陵農場的桃花

大三那年（一九八三年）的春假，我隨政大登山隊縱走「聖稜線」。計畫從雪山走到大霸尖山，途中有斷崖、碎石坡、高箭竹林等等，所有的登山技巧都必須用上，聖稜線是登山界的聖山，類似少林寺的十八銅人陣。

剛開始很順利。到了三六九山莊住宿，一夜大雪，隔天清晨往雪山主峰的路上都是厚雪，而且雪還在下。我們撤回三六九山莊，經過討論之後，領隊決定撤退，我們快速往七卡山莊移動，接著回到武陵農場。

聖稜線是我一直想走的路線。學生時代，上一次山大約要準備一千五百元，支付車票、食物等費用，兼家教要存兩、三個個月才可以存到一千五百元，撤退當然失望，但為了安全，別無選擇。

回到武陵農場，櫻花、桃花、李花爭豔，萬紫千紅。我和另一個隊友摘了初

桃花
王學呈 1/17

放的桃花，用泥土包覆底部，拿在手上，帶回台北。

高海拔的雪，到了中低海拔變成雨。回程的路上，下不停的雨。我們搭客運，再轉火車，帶著默然的心情回到木柵。

我們都有心儀的女生。隔天上午，我們帶著那些桃花到學校，送到女生的宿舍或住處。這招果然有效，千里迢迢，從武陵農場來到木柵的桃花起了催化作用，沒多久，我們都追到女朋友。

如果沒有那場大雪，我們應該順利走完聖稜線，從大霸尖山出山，我們就不會從武陵農場帶回桃花，可能就追不到女朋友。那次的撤退，成就了我們在大學時代的愛情。

我大四考上預官，在高雄服役，一個月回台北一次。遠距愛情經不起時間的考驗。服役的第二年，我們散了。那是非常悵惘的過程。另一個隊友的大學愛情，也在當兵（他抽到金馬獎，在外島服役）時結束。

後來我到武陵農場度假或寫生，總會想起年輕時的那株桃花，以及桃花帶來的愛情和遭遇。人生的禍福得失就是這樣，互為因果，依序而來。

出社會之後我在大公司做事，力爭上游，經過無數的成功和失敗。我慢慢發覺，我們常在失敗的時候找到成功的契機，在得意的時候埋下悲劇的種子。我們在所有的雨收雲散、水流花謝之後，找到最真實的自己，善良而堅忍。

唯一不變的是武陵農場的桃花，它讓我們想起年輕的歲月，還有永遠年輕的心。

國家圖書館出版品預行編目(CIP)資料

喜歡的事開心做，不喜歡的事耐心做：社長的 63 則富
慧人生私房話＋手繪人生風景畫 / 王學呈著. -- 初
版. -- 臺北市：商周出版：英屬蓋曼群島商家庭傳媒
股份有限公司城邦分公司發行, 2021.06
　　面；　公分
　ISBN 978-986-0734-02-7（平裝）

1. 人生哲學 2. 生活指導

191.9 　　　　　　　　　　　110005499

喜歡的事開心做，不喜歡的事耐心做

作　　　　者	王學呈
責 任 編 輯	徐藍萍
編 輯 協 力	賴曉玲

版　　　　權	黃淑敏、吳亭儀
行 銷 業 務	周佑潔、華華、劉治良
總 　編 　輯	徐藍萍
總 　經 　理	彭之琬
事業群總經理	黃淑貞
發 　行 　人	何飛鵬
法 律 顧 問	元禾法律事務所　王子文律師
出　　　　版	商周出版　台北市 104 民生東路二段 141 號 9 樓

電話：(02) 25007008　傳真：(02)25007759

E-mail：bwp.service@cite.com.tw

發　　　　行　英屬蓋曼群島商家庭傳媒股份有限公司城邦分公司

台北市中山區民生東路二段 141 號 2 樓

書虫客服服務專線：02-25007718　02-25007719

24 小時傳真服務：02-25001990　02-25001991

服務時間：週一至週五 9:30-12:00　13:30-17:00

劃撥帳號：19863813　戶名：書虫股份有限公司

讀者服務信箱 E-mail：service@readingclub.com.tw

香 港 發 行 所　城邦（香港）出版集團有限公司　香港灣仔駱克道 193 號東超商業中心 1 樓

E-mail: hkcite@biznetvigator.com　電話：(852)25086231　傳真：(852)25789337

馬 新 發 行 所　城邦（馬新）出版集團 Cite (M) Sdn Bhd

41, Jalan Radin Anum, Bandar Baru Sri Petaling, 57000 Kuala Lumpur, Malaysia.

Tel: (603) 90578822　Fax: (603) 90576622　Email: cite@cite.com.my

封 面 設 計	張燕儀
內 頁 設 計	洪菁穗
印　　　　刷	卡樂彩色製版印刷有限公司
總 　經 　銷	聯合發行股份有限公司　新北市 231 新店區寶橋路 235 巷 6 弄 6 號 2 樓

電話：(02) 2917-8022　傳真：(02) 2911-0053

■ 2021 年 6 月 29 日初版
■ 2021 年 8 月 12 日初版 3.5 刷

城邦讀書花園
www.cite.com.tw

Printed in Taiwan

定價 400 元